LA SOCIÉTÉ DU PELOTON

DU MÊME AUTEUR

SOCRATE À VÉLO, Grasset, 2019.

GUILLAUME MARTIN

LA SOCIÉTÉ DU PELOTON

Philosophie de l'individu dans le groupe

BERNARD GRASSET
PARIS

Photo de couverture : © Tim De Waele / Getty Images

ISBN : 978-2-246-82688-0

Avant-course

Le peloton est composé d'êtres solitaires qui ne peuvent faire autrement que vivre ensemble. Cette phrase résume assez bien le propos de mon livre. Je l'ai imaginée sur le vélo, en Sierra Nevada espagnole, aux alentours de deux mille mètres d'altitude. J'avais déjà roulé durant six heures et quart, seul. Il me restait encore une trentaine de minutes pour rejoindre mon hébergement. Nous étions en février. Le ciel était parfaitement bleu. À cette hauteur, il faisait encore une dizaine de degrés, ce qui était très confortable. J'avais gravi plus de quatre mille cinq cents mètres de dénivelé pendant mon entraînement, et brûlé à peu près autant de calories. J'écoutais distraitement un podcast sur Barbara, tout en admirant d'un côté le sommet enneigé du Pico Veleta, de l'autre la vallée de Grenade en contrebas. Je me sentais merveilleusement bien. Les endorphines générées par l'effort m'avaient permis d'atteindre un état de douce contemplation qui m'éveillait à des pensées qui n'auraient pu me traverser si j'étais resté devant mon bureau, ou si j'avais été accompagné. Je savourais ce moment, me disant que cette journée de solitude athlétique m'avait permis de toucher quelque chose qui ressemblait à la grâce.

Et je m'interrogeais. Plutôt que pratiquer le cyclisme de manière professionnelle, avec les contraintes que cela implique, l'entraînement encadré et millimétré, l'impératif de triompher de l'adversité en compétition, pourquoi ne pas choisir un mode de vie où je pourrais accéder quasi quotidiennement à cette extase égoïste, que personne ne pourrait venir briser ? Pourquoi ne pas m'engager dans un tour du monde où il n'y aurait nul autre que moi et mon vélo ?

À ce stade de mes réflexions, il me vint à l'esprit que celles-ci mériteraient de servir d'exergue au livre que j'achevais sur « la société du peloton ». Et je me rendis compte, en quelque sorte, que ces impressions toutes personnelles, j'avais envie – et peut-être même besoin – de les *partager*. Je réalisais que, aussi jouissive puisse être cette expérience que je vivais actuellement, elle était vide si elle ne devait rester que mienne.

Quand je suis avec d'autres pendant un certain temps, même des êtres proches, arrive un moment où il me faut m'extraire de cette présence humaine. Je ne la supporte plus. Alors je m'en vais, quelques minutes ou quelques heures dans une pièce isolée, ou bien quelques semaines en stage individuel. Étonnamment, j'éprouve assez vite le besoin d'échanger à propos des aventures ou des banalités que je vis. Des films qui m'auraient ennuyé si je les avais regardés en compagnie me passionnent, et je ressens le désir presque impérieux de transmettre cet enthousiasme. Alors je reprends contact avec les autres, ceux-là mêmes qui quelques instants plus tôt m'exaspéraient et qui désormais me manquent. Ou bien j'écris, ce qui revient à peu près au même – puisqu'il s'agit là encore de partager ce que l'on ressent.

Ce que je décris, le philosophe allemand Emmanuel Kant l'avait théorisé au XVIIIe siècle sous le concept d'« insociable sociabilité[1] ». L'idée peut être résumée assez facilement : *nous ne pouvons vivre avec les autres, mais nous ne pouvons pas plus vivre sans eux.* Je crois que tous, à différents niveaux, avons déjà fait cette expérience. Nous sommes des êtres solitaires qui devons vivre ensemble.

Les cyclistes cultivent peut-être ce paradoxe un peu plus que la moyenne. Ils sont portés par de puissantes pulsions d'affirmation de soi. Ils veulent s'imposer, *eux.* Et pourtant ils vivent en communauté, passent les deux tiers de l'année en chambrée avec des collègues, sont soumis aux consignes d'un staff, et n'ont d'autre choix que de collaborer au sein d'équipes pour triompher de l'adversité en course. Sportifs à l'individualité particulièrement développée, nous devons continuellement composer avec des contraintes imposées de l'extérieur.

Celles-ci ne sont toutefois rien en comparaison de la nécessité intérieure que nous éprouvons de nous lier à d'autres, en dépit de notre naturelle insociabilité.

1. Dans son livre *Idée d'une histoire universelle d'un point de vue cosmopolitique*, 1784.

En vérité, j'en suis bien conscient, je m'ennuierais vite si je devais faire un tour du monde à vélo en solitaire, si je ne devais plus éprouver l'excitation de la confrontation, sourire des flatteries médiatiques, travailler en commun à développer notre niveau de performance, ou jouir du plaisir de gagner grâce à l'aide de mes coéquipiers.

Si je savoure cet instant d'apesanteur et de liberté, de focalisation sur moi-même, là-haut sur les pentes de la Sierra Nevada après une longue sortie à vélo, un écouteur dans une oreille, les yeux et l'esprit grands ouverts, c'est parce qu'au fond je sais que quelques jours plus tard je vais retrouver mon équipe, mon staff et mes partenaires, et que l'écouteur va se muer en oreillette, à travers laquelle quelqu'un me parlera à qui je pourrai répondre. Je pourrai peut-être même m'agacer d'être ainsi téléguidé, contraint, frustré dans mon désir d'indépendance. Mais au moins j'aurai le loisir de trouver quelqu'un contre qui m'énerver. Même conflictuels, j'aurai des échanges. Une existence sans coexistence serait la pire des choses. Car alors il serait impossible de rêver au plaisir que l'on éprouverait à s'isoler de nouveau.

Ce grand écart entre nécessité de s'associer et utopie d'une vie d'ermite, il est mon quotidien de cycliste ; il me semble qu'il est aussi assez proche de ce que chacun expérimente au sein de ce grand peloton que nous appelons la société.

Échauffement

Trois échappés luttent dans le final d'une épreuve cycliste pour résister au retour du peloton. Celui-ci se rapproche dangereusement, alors que les fuyards sont en tête depuis le départ de l'étape, cent quatre-vingts kilomètres plus tôt. À quelques encablures du but, il ne leur reste plus que trente secondes d'avance. Ça peut le faire ! À condition bien sûr de s'entendre.

Les trois coureurs savent qu'ils doivent unir leurs efforts pour espérer se disputer la victoire. Leur salut passe par une collaboration parfaite jusque dans les derniers hectomètres. Il sera temps ensuite de songer au gain de l'étape, de s'expliquer « à la cuisse » pour désigner le vainqueur. La condition préalable, nécessaire, c'est d'arriver en position de pouvoir gagner.

Et pourtant, contre toute logique, chacun en garde un peu sous la pédale, filoche, espérant profiter du travail des autres et tirer les marrons du feu à la fin. La mésentente s'installe, le groupe de tête se désunit, perd en efficacité ; inévitablement il se fait rejoindre à trois kilomètres de l'arrivée. Tous ont tout perdu.

Ne sommes-nous pas, nous membres d'une société confrontée au plus grand défi de son histoire – le réchauffement climatique –, pareils à ces coureurs qui *savent* comment il faudrait se comporter, et qui malgré tout agissent différemment ? « Je vois le bien, je l'approuve, et je fais le mal », écrivait Ovide il y a deux millénaires. Il faut croire que la contradiction entre ce que commande la raison et nos actions opère toujours. Aussi puissant et large soit le champ de la connaissance, il s'effondre face à la faiblesse de la volonté, aux tentations du quotidien, à l'appétit immédiat de l'individu engagé dans le monde.

Ce mystère – pourquoi les comportements humains prennent-ils parfois un chemin radicalement opposé à celui qu'indiquent les règles de la logique ? – me fascine. Au cours de mon parcours cycliste, je m'y suis plusieurs fois confronté, ce qui n'a pas manqué d'être source de désillusions. J'anticipais certains choix stratégiques de mes adversaires, je me disais qu'au vu des situations de course le peloton *ne pouvait se comporter autrement* que je me le figurais ; j'établissais mes tactiques en fonction de ces prévisions. J'étais souvent déçu, désappointé par des mouvements qui s'avéraient aléatoires, diablement inconséquents.

Échappé il y a quelques années dans le final d'une course en Bretagne avec sept ou huit autres coureurs, dont deux de la même équipe, j'écoutais la logique en pensant que l'un allait se sacrifier pour l'autre. Un homme attaqua ; je regardai les deux partenaires, attendant que l'un fasse l'effort. Personne ne bougea. Sans doute une rivalité interne les animait, ou bien le directeur sportif ne faisait-il pas son travail. Toujours est-il qu'au bout du compte, j'étais défait, et ne pouvais que rager de voir le futur vainqueur s'éloigner pendant que nous nous enterrions sottement.

À plusieurs reprises je me surpris moi-même à agir en décalage avec toute sagesse vélocipédique, attaquant à tout-va quand il fallait rester calme, ou au contraire attendant nonchalamment quand il fallait s'activer, comme si le feu de la course m'égarait, me construisant un double aux mouvements incontrôlables. J'étais pourtant toujours le même coureur – seulement celui-ci était traversé de deux voix dissonantes que je ne parvenais pas à faire concorder. La contradiction s'était emparée de moi. Elle me fit manquer plusieurs victoires.

On évoque souvent ces coureurs qui disposeraient de « la science de la course ». La formule est mal choisie. On dirait plus à propos, comme Louis Nucéra dans *Mes rayons de soleil*, que l'on dispose du « sens du vélo, comme on a l'oreille musicale[1] ». Une compétition sportive – et c'est ce qui fait tout son charme – n'obéit pas à des lois universelles. Elle n'est pas seulement affaire de chiffres, d'équations, de *data*.

Certes la science s'est grandement introduite dans le

1. Louis Nucéra, *Mes rayons de soleil*, Grasset, 1987.

domaine du sport ces dernières décennies. Les équipes cyclistes s'entourent d'universitaires qui les conseillent d'un point de vue théorique sur tous les aspects de la performance. On travaille avec des capteurs de puissance, dont les données brutes permettent souvent de prédire les classements lors des arrivées au sommet, en divisant les watts développés par le poids des coureurs. De même, les positions sur le vélo, le matériel, le textile, tout cela est étudié, optimisé. Les stratégies en course (collective, de gestion de l'effort, ou encore nutritionnelles) sont également anticipées.

Mais au milieu de cet océan de contrôle et de mesure, une goutte de folie refuse d'être intégrée à la masse. On l'appelle instinct, intelligence pratique – qualité que nous attribuons souvent aux athlètes français (le fameux «*french flair*»), mais qui est présente chez tous les grands sportifs, capables de jouer en quelques secondes, sur un coup de dés irraisonné, des mois de préparation millimétrée. En cyclisme, on reprocha souvent aux Britanniques de l'équipe Sky de tuer le Tour de France par leur approche trop analytique de l'événement. En 2016, c'est pourtant grâce à deux coups de folie – une descente agressive du col de Peyresourde, et une attaque dans une étape de plaine balayée par les vents – que leur leader, Christopher Froome, remporta le troisième de ses quatre Tours. Le goût du risque l'avait emporté sur la volonté de contrôle ; le corps avait devancé l'esprit. Cela fut couronné de succès.

Une lecture mathématique ne suffit pas pour parler

de sport. Il faut plus. Ce plus s'appelle l'humain. C'est lui qui provoque des retournements de situation aussi enthousiasmants qu'improbables, lui qui décide du sort d'une course, par-delà les consignes, les chiffres, les études – lui encore qui explique, en un sens plus grave, notre incapacité à agir collectivement face à la menace écologique croissante, alors même que nous sommes aujourd'hui tous, ou peu s'en faut, terriblement alertes sur cette ombre qui nous guette.

Je sais le monde qui se dessine, je le désapprouve, et pourtant je participe à sa construction – voilà le drame de l'homme moderne, perdu entre la poursuite de son bien personnel immédiat et la conscience des maux que générera à terme cette quête, tiraillé entre un sens des responsabilités quant à l'avenir de ses enfants, de son espèce, et les contraintes de la vie singulière. Comment concilier fin du mois et fin du monde, pensée individuelle et pensée collective ?

*

Il est illusoire de croire que l'on peut étudier ces questions d'un point de vue uniquement théorique. Les individus n'évoluent pas dans des bulles ; ils sont traversés de sentiments et d'émotions, réagissent à des événements, se laissent porter par des intuitions. La vie et le monde sont des affaires concrètes : c'est ainsi que nous devons les appréhender. L'écrivain n'est jamais un démiurge surplombant sa création, mais toujours un être de chair et de sang, en mouvement, qui pense depuis ce qu'il connaît, ce qu'il est, ce qui l'anime. En ce qui me concerne, je dois dire que le cyclisme m'a beaucoup occupé et appris ces dernières années. Si mes propos pourront parfois paraître abstraits, c'est toujours la route et ce que j'y ai vécu qui les auront inspirés.

Platon, aux origines de la philosophie, s'était donné pour but de définir le Juste, l'Idée même de justice. Il se rendit compte que la seule analyse spéculative se révélait impuissante face à si grand projet. Il fallait partir du monde tel que nous le connaissons et s'interroger sur ce qu'était un comportement juste, un homme juste, une cité juste. Bref, il fallait se confronter au sensible afin de pouvoir espérer atteindre ce que désire le philosophe : la sagesse.

En étudiant la société cycliste, j'ai pour ambition de dire quelque chose de la société en général. Le microcosme est parfois plus évident à décortiquer que le macrocosme, dont il est la réplique en miniature. Le sport en particulier, extrême par nature, agit comme une loupe. Il est métaphorique et révèle les points saillants de l'espèce humaine. Plus de faux-semblants : dans l'effort, on grimace, on abat le masque. L'adrénaline engendrée par la course désinhibe et dévoile ; elle nous fait agir instinctivement, sans toujours prêter attention aux règles de bienséance. Je ne suis pas le même avec un dossard que dans le civil, loin de là. Une fois le cuissard enfilé, le drapeau abaissé, l'homme posé que je suis, réfléchi, plutôt introverti, laisse place à son double caché, ni Mr Hyde, ni Hulk, ni Superman, mais quelqu'un néanmoins de diablement virulent, accrocheur et hargneux, quelqu'un qui vitupère et s'exaspère, qui filoute et lance des escarmouches. L'activité physique révèle les personnes dans ce qu'elles ont de plus animal et de plus complexe.

Le cyclisme en particulier a ceci de spécial qu'il met face, sans échappatoire possible, à ce problème apparemment sans solution : concilier le singulier et le collectif. « Sport individuel pratiqué en équipes », la petite reine ne couronne qu'un seul vainqueur, qui ne pourra cependant triompher sans l'aide de ses coéquipiers, sans une formation structurée qui le porte et l'élève. Le coureur est couramment confronté à un dilemme : soit il joue sa carte personnelle en faisant fi des consignes d'équipes, des stratégies collectives – mais alors ses chances de succès, du fait de son isolement, sont faibles, et il risque en outre de s'attirer l'opprobre de sa direction et de ses collègues –, soit il se prête au jeu du groupe, s'exécute si on lui demande de « se mettre à plat ventre » pour son leader en début de course – sacrifiant ainsi toutes ses chances de bien figurer, toutes ses ambitions, taisant ses légitimes désirs d'affirmation. Le choix est impossible. Chaque coureur est bousculé entre plusieurs plans – à l'instar du citoyen de nos sociétés démocratiques, écartelé entre ce vers quoi ses instincts le poussent et ce que la loi, la morale ou le politiquement correct lui dictent.

De ces exigences contradictoires, visibles exemplairement dans le cyclisme mais qui inondent en réalité tout de nos vies, ne peuvent naître que des incohérences. Elles sont le lit des crises que notre monde traverse.

*

J'en relève trois principales. La première est structurelle. Il s'agit de la crise que traverse le modèle démocratique lui-même, symbolisée par les élections de Trump, de Bolsonaro, ou par le vote en faveur du Brexit. Au travers de ces événements, nous avons découvert, ou redécouvert, que le *démos* n'était pas une entité supérieure douée de raison, capable d'analyser les choses avec détachement et discernement. Au contraire, « le peuple » – si tant est que ce terme ait un sens, puisque l'actualité nous montre de manière de plus en plus évidente notre incapacité à « faire commun », à accepter l'idée même de « volonté générale » – se laisse guider par l'émotion, les *news*, les images. Peu importe que tout cela soit vrai ou *fake*, ce qui compte c'est ce qui fait du bruit. Le gouvernement du peuple s'est transformé en un gouvernement du populisme. En fut-il jamais autrement ? Il me semble que le principe même de la démocratie est d'emblée vicié, en tant qu'il suppose une aptitude de l'individu à se défaire de sa personne pour prendre une position neutre de surplomb, juge au-dessus du monde capable de se soustraire au règne des contingences. La chose est évidemment impossible : nous ne sommes pas des dieux, mais des humains, singularités engagées dans une existence toujours particulière, où l'illusion domine et où les volontés multiples s'avèrent souvent incompatibles entre elles. Le cycliste engagé pleinement dans sa course ne peut penser à l'organisation du peloton comme tout ; il désire effectuer son bout de chemin au mieux et, si possible, triompher des autres.

La crise récente liée au virus Covid-19, bien qu'elle ne soit cette fois pas structurelle mais conjoncturelle, est elle aussi emblématique de nos errements, de nos inconséquences, de notre incapacité à aborder posément une situation critique sans nous laisser guider par nos peurs et nos passions. Beaucoup de choses ont déjà été dites sur ces mois de confinement et de reconfinement, acceptés au nom de la nouvelle valeur suprême – la Sécurité ; tous nous nous sommes laissé prendre au piège des grandes espérances (un traitement efficace, le développement d'un vaccin, etc.), vérités tenues pour apodictiques un soir et discréditées le lendemain, délaissées, sans que personne paraisse se souvenir de la foi quasi mystique qu'il vouait si peu de temps auparavant aux vendeurs de miracles ; nous avons encore écouté froidement, tous les soirs à la télévision, ces décomptes morbides, ces chiffres d'hospitalisés, de décédés, et, alors même que notre société se gausse de considérer la « vie » comme le bien le plus précieux, nous avons accepté qu'elle devienne mathématique.

En nous confrontant à nos contradictions, la Covid-19 nous a rappelé l'enseignement de Socrate : « je ne sais qu'une chose, c'est que je ne sais rien ». Seulement, la spécificité de la modernité, c'est qu'à partir de ce constat d'ignorance, et même sous son couvert, nous nous sentons autorisés à dire tout et n'importe quoi. La science a montré ses limites. Même le domaine de la raison, du vérifiable, du démontrable, s'est révélé incapable de garder une ligne claire et droite, les études se dédisant les unes les autres, les spécialistes oscillant entre des positions diamétralement opposées. Nos dirigeants, les experts, les sachants, ont fini par l'admettre : ils ne savaient pas, et devaient décider depuis cette position d'ignorance. C'est ainsi déjà qu'ils procédaient auparavant, mais ils prétendaient le contraire, affichaient leur assurance – et nous les croyions. Désormais c'est impossible. Nous nous retrouvons face à un monde dépourvu de tout repère, de toute bouée, où l'individu est plus que jamais noyé. Alors, plutôt que de suspendre son jugement comme le bon sens l'imposerait, chacun y va de sa petite théorie, de son « je ne suis pas médecin, mais… » – ou encore de son commentaire, attablé au Café du commerce, sur la stratégie que tel ou tel coureur aurait dû adopter : « Mais pourquoi n'attaque-t-il pas, bon Dieu ! Ah si j'étais sur le vélo avec vingt ans de moins, je peux vous dire… » À défaut d'information, nous croulons sous les avis, que nous émettons nous-mêmes, d'un ton docte et faussement assuré.

La troisième crise, enfin, à laquelle fait face notre société, après celle de la démocratie, et celle du savoir mise en lumière par la Covid-19, est la plus importante de toutes, car elle nous menace directement, dans notre chair. Le réchauffement climatique, puisque c'est de lui qu'il est question, aboutira d'ici quelques décennies à une détérioration de nos conditions de vie (le processus est déjà bien engagé), voire, à terme, à l'extinction de la vie humaine. Cette crise est cette fois autant conjoncturelle que structurelle : conjoncturelle dans la mesure où elle a partie liée avec le développement du capitalisme qui, depuis au moins deux siècles, a demandé à la Terre plus de ressources qu'elle n'en peut produire, ne fixant aucune limite au progrès économique ; structurelle parce que le mouvement humain ne peut prendre d'autre direction que celle de cette mortifère course en avant. Notre logiciel ne connaît pas de bouton « rembobiner ». À l'instar du cycliste qui parfois pédale sans réfléchir vers son épuisement, trop focalisé sur la course pour penser à s'alimenter, ou trop transi de froid pour avoir le courage de revêtir un K-way, nous avançons avec des œillères à la poursuite de notre bien immédiat, participant sans nous en rendre compte à créer ce qui va nous détruire. Le malheur est qu'il nous est impossible d'agir autrement : l'individu par nature ne peut pas voir au travers des yeux du groupe, par nécessité il doit se privilégier lui-même.

D'où les conflits entre un savoir collectif que nous ne pouvons plus décemment nier (la planète se réchauffe, et c'est un danger pour notre espèce), et les actions singulières, qui continuent à suivre leurs cours. Le savoir – et c'est pour cela qu'il est en crise – n'a plus rien de performatif, il ne débouche pas sur une modification profonde de nos comportements. Nous observons les tracas du quotidien, si minimes et futiles, au travers d'un prisme déformant qui les fait paraître colossaux, et impose que l'on y consacre toute notre énergie. À l'inverse, le risque climatique, orage titanesque qui point sur nous, ne nous semble être qu'un simple nuage au loin, qui mérite à peine notre attention.

Les évolutions sociétales qui accompagnent la crise de la Covid-19 sont révélatrices de notre incapacité à ne pas nous laisser influencer par les émotions du moment. Ce virus, aussi terrible et meurtrier puisse-t-il être, n'est au bout du compte qu'un événement que nous savons passager. Pourtant, il a enclenché des changements profonds dans nos modes de vie allant à l'encontre de ce qui était prôné à peine quelques mois auparavant. On nous disait de ne plus utiliser d'emballages plastique ; ceux-ci, pour des raisons supposément sanitaires, ont vu leur consommation largement augmentée dans la société post-Covid. On recommandait de privilégier les modes de transport « doux » ; la voiture individuelle fit un retour en force – en même temps que nos gouvernements déployaient des plans de sauvetage de plusieurs milliards d'euros pour préserver des industries que l'on sait intrinsèquement polluantes.

Bref, nous sommes incapables de hiérarchiser les problèmes. Là où il faudrait réfléchir collectivement, rationnellement et sur le long terme, nous nous laissons gouverner par la tyrannie de l'immédiat, obnubilés par le moustique qui s'agite devant nos yeux, alors qu'un éléphant menace de nous écraser.

S'agacer de cet état de fait, critiquer la « bêtise humaine » seul dans son salon, depuis sa position d'aveugle sainteté (depuis le début de la crise de la Covid-19, combien d'entre nous se sont-ils plaints sérieusement que « les gens ne respectent pas les règles sanitaires », sans se demander s'ils étaient eux-mêmes irréprochables ?), n'améliorera en rien les choses. Ce n'est pas en se disant « si la course s'était déroulée ainsi, j'aurais gagné... » que l'on se construit un palmarès ; non, il faut accepter les mouvements du peloton tels qu'ils sont, arbitraires, incohérents, et faire avec, s'adapter.

Si l'exemple du sport est utile, c'est précisément parce qu'il n'est pas affaire de morale, mais de *pragmatique*. Il n'y a pas de « bonne » manière de gagner, si ce n'est celle qui conduit à la victoire. « L'important, c'est les trois points » ; « ce qui compte, c'est de franchir la ligne le premier » : les sentences éculées conservent une pertinence. Le résultat ne doit pas pour autant être recherché à n'importe quel prix, sans quoi la contradiction serait telle qu'elle tuerait l'idée même de sport, et rendrait la victoire définitivement insensée. Cela étant, à partir du moment où l'on reste dans le cadre institutionnel réglé de la compétition, c'est-à-dire, pour être clair, à partir du moment où l'on écarte la tentation de la tricherie, tous les coups sont permis. La fin justifie les moyens. En ce sens, en tant qu'il impose de réviser son jugement et ses directives à tout moment, selon la situation, le sport est essentiellement une affaire d'éthique.

Comment un individu peut-il se gouverner face à un

monde absurde, face à une société inconséquente, en recomposition permanente, qu'il construit autant qu'il combat ? – voilà le sujet de cet essai, qui se lira à travers les yeux d'un cycliste, cherchant inlassablement à s'échapper d'un peloton auquel il est inextricablement lié, puisqu'il le constitue.

Le départ – Prendre l'échappée

« L'intelligence collective est un effort surhumain. »
Louis-Ferdinand Céline[1]

La route commence par ce qu'un philosophe appellerait « une expérience de pensée ». Une course importante a lieu, le Grand Prix de l'Abnégation par exemple, dans la ville de Buridan, ou une autre de ce genre. La bataille fait rage en début d'étape pour prendre l'échappée. Les attaques fusent. La situation est incontrôlée. Personne ne veut prendre le poids de la course à son compte.

Enfin, deux coureurs se détachent. Ils appartiennent au même groupe sportif, disons de surcroît qu'ils sont amis. Les deux athlètes sont les plus forts de l'épreuve. Ils filent vers la victoire, au prix d'un effort commun aussi beau que violent. L'arrivée se rapproche. Les deux individus sont de force strictement équivalente. Rien ne justifie que l'un passe la ligne devant l'autre. Ils ne vont pas se disputer la victoire au sprint tout de même, comme s'ils étaient adversaires. Quelle image cela renverrait ! Entre deux coéquipiers, cela ne se fait pas.

1. Louis-Ferdinand Céline, *Semmelweis*, Denoël, 1936.

Non, il va falloir trancher, décider qui va l'emporter, qui va récolter les honneurs. Que se passe-t-il dans la tête de ces coureurs qui maintenant unissent leurs efforts tout en sachant que dans quelques hectomètres l'un d'entre eux seulement aura le droit aux lauriers ? Bien qu'ils appartiennent à la même équipe, et en dépit de leur amitié solide, chacun songe évidemment à la victoire, au plaisir qu'il aurait à franchir la ligne en premier. Il n'y a pas de mal à ça.

Finalement, soit que pour d'obscures raisons le directeur sportif en ait décidé ainsi, soit que le hasard ait fait son office (échappé au championnat de Franche-Comté il y a quelques années avec deux coéquipiers, c'est un pierre-papier-ciseaux sur le vélo qui avait acté notre ordre de passage sur la ligne), l'un des deux coureurs devance l'autre. Ainsi va la course ; il ne peut y avoir deux premiers.

Se produit alors un phénomène étrange : cette hiérarchie arbitrairement décidée se trouve étonnamment autoréalisatrice. Le premier sur la ligne recevra tous les honneurs, il connaîtra les joies du podium, son palmarès s'en verra *ad vitam aeternam* étoffé, sa confiance en soi regonflée, sa vie pour ainsi dire changée. Tandis que le deuxième, après avoir répondu aux questions de quelques journalistes (qui, il est vrai, souligneront la magnifique performance collective – mais se souvient-on d'un article de journal ?), se contentera de rejoindre le bus de son équipe, et reprendra le cours de son existence, le sentiment du devoir accompli certes, heureux même pour son coéquipier et ami, mais avec une pointe d'amertume au fond de lui.

Cette aigreur inavouée, cette mélancolie latente, c'est l'égoïsme. Et par ce mot, je n'entends pas ce caractère prétendument malsain que les morales réprouvent. Il s'agit pour moi de l'instinct naturel qui fait que nous privilégierons toujours notre destinée personnelle à celle d'autrui, quel que soit notre amour pour celui-ci, parce qu'il en va de notre survie et, plus encore, de notre affirmation en tant qu'individu. Si notre infortuné deuxième est amer, et le restera longtemps, quand bien même la course est de peu d'importance, quand bien même il se sait de même valeur que le premier, c'est parce qu'il sent que l'on touche à son être propre. Il perçoit qu'une défaite d'un jour, aussi contingente soit-elle, peut être un maléfice de toujours. Et de cela l'ego ne veut pas, parce qu'il est *ego*, c'est-à-dire un. Cette unité élémentaire, indivise, insécable, fondamentale, est notre point de départ.

Que cela soit clair : l'égoïsme n'est ni bien ni mal. Il est amoral, humain, simplement humain. Pour reprendre les mots de Spinoza, il est cet effort inscrit en toute chose de persévérer dans son être, cette divine – c'est-à-dire naturelle – puissance de vie (que le philosophe hollandais appelle *conatus*).

Si « le désir est l'essence même de l'homme », l'égoïsme, considéré comme affirmation de ce désir, est notre instinct premier. Ce qui serait « mal », en un sens, serait d'aller à son encontre, de se laisser guider par des affects trompeurs, nuisibles à la conservation de notre personne, pourvoyeurs de tristesse. Ce serait se mortifier au travers d'une attitude excessivement altruiste, s'oublier soi-même, « se coucher » quand on est un cycliste en position de gagner pour laisser l'autre passer devant, ou encore se laisser dévorer par les remords une fois l'action accomplie. Si deux coéquipiers de force équivalente sont amenés à se jouer la victoire, il est naturel que celui qui franchit la ligne en deuxième soit déçu. Et pourtant la « société du peloton » et son idéologie lui commandent de célébrer le succès de son partenaire comme si c'était le sien[1], l'emprisonnant de la sorte dans des passions contraires, dans un entrelacs de déterminations diverses. Voici ma confession : ces discours politiquement corrects chantant les louanges du collectif sonnent faux à mes oreilles ; au plaisir de la victoire par procuration je préférerai toujours celui solitaire consistant à lever les bras, pour soi.

*

Que l'être humain soit par nature égoïste, voilà une vérité qui dérange, parce qu'elle semble rentrer en conflit

1. Lors des Jeux olympiques d'hiver 2018 à Pyeongchang, le skieur Mathieu Faivre – cinquième de l'épreuve de géant – avait été interrogé par un journaliste sur le beau tir groupé des Français (quatre athlètes dans le top dix). Sous le coup de la déception, il avait répondu qu'il « n'en avait rien à faire », que c'était « le dernier de ses soucis » et qu'il courait avant tout pour « sa pomme ». Les propos manquaient peut-être de tact et de finesse, mais ils n'avaient rien d'insultant. Pourtant, ils valurent au skieur sa place dans l'épreuve par équipes qui devait se tenir en fin de compétition.

avec une autre de nos tendances naturelles, à savoir la quête d'association, le désir de communauté (là aussi, originellement, pour des questions de survie et de puissance). Nos grandes institutions sont exemplaires de ce second type d'instinct qui, paradoxalement, encourage à l'oubli de soi pour *se* préserver.

Églises, États, école, armée… autant d'entités qui n'existent qu'au travers de ce qu'elles oppriment : le singulier. Ces corps sociaux ont pour vocation d'unir les gens, de les faire se rencontrer (le terme « religion », étymologiquement, vient de *re-ligere*, « relier » en latin). Il s'agit de s'engager dans quelque chose qui nous dépasse, dans une cause supérieure qui justifie que l'on donne jusqu'à sa vie pour la servir. On comprend aisément que toute initiative personnelle soit perçue comme une menace pour de tels programmes. Il ne faudrait surtout pas risquer d'éclater le fameux « vivre-ensemble ».

Le sport, en sa version moderne, peut à coup sûr intégrer la liste de ces institutions valorisant la toute-puissance du collectif et dénigrant l'individu. J'ai souvent été surpris par ce paradoxe : partout les champions sont encensés comme des êtres exceptionnels, présentés comme des « stars » ; et dans le même temps on rabâche un discours selon lequel l'équipe, l'effort en commun, l'entraide entre partenaires voire entre adversaires sont des choses bien plus essentielles que l'action décisive du vainqueur – comme si l'on avait honte qu'il y ait un premier, comme si l'hyper-individualisme véhiculé par le sport moderne n'était qu'une façade masquant un profond déni de l'ego.

La question dès lors se pose : l'institution athlétique n'est-elle pas la forme la plus récente et la plus insidieuse que la société ait trouvée pour éteindre l'égoïsme ? Le peloton a-t-il envie de voir un coureur s'échapper ?

À l'instar de la religion, dont il est une forme sécularisée, le sport est un lieu de culte, de ferveur et de partage, comme cela s'observe dans les stades ou sur le bord des routes où des chants quasi liturgiques sont scandés, tandis que les athlètes sont acclamés comme s'ils étaient des demi-dieux. Derrière l'apparente vénération dont ils font l'objet, ces derniers ne comptent pourtant pas vraiment. L'important tient à ce qu'ils représentent, au fait qu'à travers eux l'on puisse s'identifier à une équipe, à une nation ou à des couleurs. Dans l'olympisme moderne, la performance hors norme, l'être d'exception ne sont que de peu d'intérêt ; ils ne sont jamais que les moyens permettant de toucher une forme d'extase collective, une grâce de la communion athlétique. Elle seule est vraiment digne, et c'est pour cela que l'on réclame aux compétiteurs de s'effacer devant elle.

Un athlète doit défendre son drapeau, et courir pour son pays avant que pour lui-même. La gloire personnelle n'est que transitoire. Elle doit pouvoir rejaillir sur son peuple, qu'elle flatte et sert à cimenter.

Quoi que l'on en dise, le sport moderne est inséré dans un cadre politique. Les jeux olympiques ne sont d'ailleurs plus depuis longtemps l'occasion d'une trêve ; au contraire, ils continuent les conflits sur un plan idéologique. On pense bien sûr à la guerre froide, où les deux superpuissances russe et américaine, faute de pouvoir s'affronter sur le champ de bataille, se disputaient une suprématie symbolique dans les stades. Les Jeux de 1980 à Moscou furent boycottés par les États-Unis, et ceux de 1984 à Los Angeles par l'URSS, preuves que les rencontres athlétiques n'étaient nullement des événements sanctuarisés. D'autres éditions (Berlin en 1936, Mexico en 1968, 2008 à Pékin...) furent également très marquées par le contexte politique. Instrument de *soft power*, occasion de chantage diplomatique, lieu de révolte, le sport moderne est assurément lié aux enjeux du monde. Aucune surprise à ce que les États l'utilisent pour défendre leurs intérêts.

C'est pourquoi le sport est intégré à nos programmes scolaires. Depuis le XIXe siècle, d'abord dans les *public schools* anglaises, puis en France à la suite de Pierre de Coubertin, il s'est construit comme outil éducatif, comme vecteur d'élévation morale. Pour le baron, si l'on cherche à « développer les qualités physiques, [c'est] pour servir le bien-être collectif[1] ». L'initiateur des Jeux olympiques modernes était avant tout un pédagogue et un démocrate. En toute logique, il contribua à construire un sport « fonctionnel », une « gymnastique utilitaire[2] », « une sorte d'école préparatoire à la Démocratie[3] », où la performance en elle-même et le

1. Pierre de Coubertin, *Revue Olympique*, 1910, « Le sport et la morale ».
2. Selon le titre d'un des livres de Coubertin : *Leçons de gymnastique utilitaire*, Librairie Payot & Cie, 1916.
3. Pierre de Coubertin, *Pédagogie sportive*, Les Éditions G. Crès et Cie, 1922.

désir de vaincre étaient subordonnés aux fins visées : créer un esprit de camaraderie, chanter les louanges du collectif, inculquer un certain nombre de valeurs communes (courage, volonté, fair-play, entraide, partage, oubli de soi, etc.).

En somme, l'idéologie sportive telle qu'elle s'est développée depuis bientôt deux siècles repose sur un discours d'assujettissement de l'individu au groupe (que seules quelques personnalités particulièrement fortes, les véritables champions – Mohamed Ali, Usain Bolt... –, ont été en mesure de dépasser). Le résultat est secondaire ; ce qui compte, c'est la manière, la « beauté du geste », la capacité à faire corps avec ses partenaires, avec ses supporters, et même avec son adversaire, dont l'altérité fondamentale est tue sous une acception littérale du terme de compétition : « chercher ensemble » (*cum-petere*).

Qui gagne ? Question triviale en vérité, indigne des belles valeurs de « l'esprit sportif » que sont l'altruisme et le sacrifice de soi. Peu importe lequel des deux coéquipiers franchit la ligne le premier, peu importe même qu'il y ait un vainqueur : il y aura de la place pour tous sur le podium, il le faut.

Ce type de discours m'a toujours mis mal à l'aise. Ces images d'athlètes qui s'encouragent les uns les autres à la fin d'un décathlon, ou de navigateurs qui se congratulent au terme d'une longue course au large, semblant oublier la rivalité qui les animait quelques instants auparavant, me paraissent fabriquées, en désaccord profond avec ce qui est pour moi l'essence même du sport. Je n'ai pas de souci avec l'idée de pouvoir sympathiser avec mes concurrents en marge de l'épreuve, bien au contraire ; seulement, je trouve capital de maintenir la dimension agonistique durant le temps de la course, sans quoi l'activité se désacralise, et devient insensée.

Je dois avouer que chaque année la dernière étape du Tour de France m'est difficile. Jusqu'à ce que nous arrivions sur les Champs-Élysées, elle se résume à une longue procession festive, le maillot jaune trinquant au champagne sur le vélo avec son dauphin, chaque coureur bavardant gentiment avec ceux-là mêmes que la veille encore il n'hésitait pas à bousculer. Ces scènes ont pour valeur symbolique d'entériner l'idée que l'affrontement athlétique est chose accessoire, triviale, « non essentielle », pour reprendre une classification en vogue en ces temps de Covid-19 et de confinements. Elles ont pour effet de me rendre mélancolique : quoi, tous ces efforts passés, ces trois semaines de souffrance, *ne valaient donc rien* ? Je suis nostalgique d'un temps où le Tour pouvait encore se jouer sur la dernière étape, où la course était entourée d'une mystique faisant qu'elle ne pouvait être neutralisée, où le caractère superfétatoire de la confrontation était précisément ce qui la rendait *essentielle*. Mais sans doute est-ce là considération d'un inactuel : le sport a aujourd'hui une fonction à laquelle il doit se soumettre ; il doit mettre en avant la force du collectif et faire taire les aspirations singulières. Après tout, la chose est bien connue, comme le répètent régulièrement directeurs sportifs de haut niveau ou formateurs de jeunes dans des petits clubs : « tout seul on n'est rien ; ensemble, on peut soulever des montagnes ».

Je me souviens d'un stage de football en Alsace, auquel j'avais participé à l'âge de huit ou neuf ans lors des vacances estivales. Je m'étais plutôt bien comporté, j'avais joué comme on me le demandait, *j'avais respecté les consignes*. Cela me valut, sur mon diplôme de fin de stage, ce commentaire que je me rappelle encore : « Bel esprit d'abnégation ». Sur le moment, je n'avais pas perçu toute la portée de ces quelques mots assez convenus. Plus tard, je m'étais penché sur le dictionnaire : *ab-négation*, littéralement « négation de soi-même ». La violence de la formule apparaissait. Le sport, tel qu'il est conçu, vanté et assimilé de nos jours, a insidieusement pour visée l'annihilation de l'individu.

Tuez ce moi que l'on ne saurait voir – ou plutôt, ne le tuez pas, anesthésiez-le lentement : voilà le mot d'ordre de la culture moderne, dont on nous abreuve au quotidien, dès notre plus jeune âge, au travers du discours sportif louant la force du collectif et la beauté du partage, ou encore par le biais de productions de divertissement auxquelles on assiste innocemment sans se douter qu'elles s'avèrent être de véritables instruments de l'idéologie dominante. Les films Disney, par exemple, que tout le monde connaît et apprécie, présentent la marginalité, le choix de tracer sa route individuellement (volontés premières de Mowgli, Simba, et consorts), au mieux comme des récréations temporaires, en aucun cas comme des chemins de vie respectables. Ils doivent laisser place au sens des responsabilités, à l'inscription dans une tradition faite de pères et de pairs, au retour à l'ordre, critères du passage à l'âge adulte. Les dessins animés ne sont pas des loisirs ; ce sont des programmes éducatifs, au même titre que le sont nombre d'« écoles » sportives.

On ne peut s'empêcher de s'interroger : croient-ils vraiment à leurs mythes, tous ces porteurs du discours officiel ? Le professeur qui explique que le travail en commun produit les meilleurs résultats ne peut pas ignorer, au fond de lui, que les grandes découvertes furent l'œuvre d'individus géniaux, aucunement d'une réflexion collective organisée comme telle. Le maître tacticien, spécialiste ès football, voit bien que chaque but part d'une inspiration singulière, et que la stratégie laborieusement élaborée lors des séances vidéo n'est que le préalable, nécessaire certes, mais certainement pas suffisant. Et le joueur de rugby, que l'on vient d'élire « homme du match », quand il profère devant les journalistes, contre les mots eux-mêmes, que cette *distinction* est pour lui anecdotique, que l'important réside dans la belle performance de l'équipe, est-il tout à fait honnête avec lui-même ? N'y a-t-il en lui aucune pointe de fierté personnelle ?

On ne peut empêcher ce cycliste, qui vient de terminer deuxième du GP de Buridan après avoir laissé triompher son coéquipier, de ressentir secrètement une pointe de frustration. Faudrait-il l'en blâmer ? L'ambition personnelle a ses vertus, elle est naturelle à l'être humain.

Mais la société du peloton est une superpuissance qui pour exister doit écraser les particularités des membres qui la composent.

*

Il y aura des objections. En premier lieu, quid des sports collectifs ? Du plaisir que les coureurs éprouvent, par exemple, quand ils gagnent un contre-la-montre par équipes, « sentiment plus fort que de triompher à titre individuel » ? Le propos sous-jacent est que l'important n'est pas la victoire en elle-même, pas la compétition sportive comme telle, mais bien l'aventure humaine qui se construit à travers elle.

Moi-même il m'arrive, évidemment, de m'enthousiasmer pour la victoire d'un coéquipier ou de m'enflammer suite à une action collective réalisée brillamment. Je ne suis pas sprinter, mais j'ai plaisir à m'intégrer comme je le peux au « train » chargé de lancer notre finisseur en cas d'arrivée groupée. Quand tout se déroule comme nous l'avions imaginé lors du briefing d'avant-course, quand chacun remplit son rôle à merveille et que l'objectif annoncé est atteint, alors la satisfaction d'avoir réussi quelque chose *ensemble* est réelle. En ce mois de mai 2021, avec mon équipe Cofidis, nous avons gagné la « Mercan'Tour Classic » au terme d'une course maîtrisée de bout en bout. Je dis « *nous* avons gagné » car, même si je fus celui qui leva les bras, chacun – staff et coureurs – avait brillamment apporté sa pierre à l'édification de ce succès. Je me sentais sincèrement redevable envers mes partenaires, et heureux pour le groupe.

Seulement je dois admettre que cette expérience de joie collective n'égale pas les sensations que j'éprouve au moment de franchir la ligne en premier, cette décharge d'adrénaline, brute, idiote, absolue.

Il faudrait sans doute se demander si ceux qui prétendent préférer la victoire en équipe au succès personnel ne s'inscrivent pas dans une forme de conformisation, peut-être intériorisée, à l'idéologie dominante. Le désir d'intégration est un sentiment très puissant. Il l'est d'autant plus dans le milieu du sport, qui est structurellement une activité de groupe. Ce désir pousse beaucoup d'athlètes à se renier, à adopter des postures ou soutenir des propos qui ne sont pas les leurs. Le peloton tolère mal ceux qui veulent lui échapper. On craint d'être exclu, écarté. Comment expliquer la part quasi infime de sportifs homosexuels revendiqués, en particulier dans certaines disciplines telles que le football, le cyclisme ou le rugby, si ce n'est par une peur de s'affirmer tel que l'on est, crainte d'être mis de côté socialement voire sportivement ? De la même manière, énoncer des propos allant à contre-courant du discours *mainstream*, ce serait risquer d'être rejeté – d'où une certaine réserve des athlètes quand il s'agit d'exprimer ses ambitions personnelles.

Moi-même, je l'avoue, devant des journalistes ou au cours d'une conversation mondaine, je me surprends à répéter ce que l'on m'a enseigné, à m'effacer devant

« la force du collectif ». Il est tellement plus simple de rester dans le politiquement correct, tellement plus confortable, pour reprendre la formule de Descartes, « d'avancer masqué », en se pliant aux coutumes et règles de son milieu et de son époque. À tout le moins, je suis conscient de mon hypocrisie. Au fond de moi jamais je n'oublie cette chose très simple : le plaisir que j'éprouve à gagner est *mon* plaisir.

Quand bien même je suis aujourd'hui leader de mon équipe, je me suis retrouvé plusieurs fois en situation d'équipier, à participer activement à la victoire d'un autre. Un épisode en particulier a marqué ma jeunesse sportive, bien avant Imola. Il s'agit des championnats du monde 2011, à Copenhague, auxquels je participais dans les rangs juniors sous le maillot de l'équipe de France. Nous étions une bande de copains qui s'était formée au fil d'une saison que nous avions dominée collectivement, remportant chacun à notre tour les plus belles épreuves internationales de la catégorie. Nous étions les favoris de cette course, la plus importante de l'année.

Dans le final, une échappée se forme. Elle est composée de six coureurs : deux Belges, deux Hollandais, deux Français. J'en faisais partie, aux côtés de Pierre-Henri Lecuisinier, le coureur dont j'étais le plus proche au sein de l'équipe de France, mon compagnon de chambre au quotidien. Dans les derniers kilomètres de l'épreuve, le peloton se rapprochait dangereusement de notre groupe, au gré d'un parcours plat peu à notre avantage. À un kilomètre cinq cents de l'arrivée, un des deux coureurs belges démarre. Je suis surpris et ne bondis pas dans sa roue instantanément. Il faut rapidement prendre une décision : soit je ne bouge pas, l'échappée s'enterre, laisse filer le Belge, et le peloton nous avale ; soit je prends la tête du groupe et me sacrifie pour mon coéquipier et ami – abandonnant de la sorte toute chance de bien figurer à titre personnel. Je me suis sacrifié[1]. Il a gagné. Nous avons célébré.

Il me resta cependant longtemps un goût amer dans la bouche en repensant à cette course. J'étais bien sûr content que *nous* ayons gagné. La victoire était au sein de l'équipe, c'était le plus important, comme on nous le répète toujours. J'avais conscience qu'à l'instant fatidique, aucune autre option n'était envisageable, mon coéquipier étant plus rapide que moi au sprint. J'avais donc agi de la meilleure manière, eu égard aux circonstances ; et mon geste, d'ailleurs, fut salué par le milieu, tandis que mon ami Lecuisinier se montra tout à fait reconnaissant envers moi.

Il me fallut du temps cependant pour assumer cette chose évidente : j'aurais préféré gagner à Copenhague. J'ai plusieurs fois ressassé ce moment où le Belge démarra, me disant que j'aurais dû être plus attentif, que j'aurais dû moi aussi anticiper, à tout le moins l'accompagner, que peut-être j'aurais pu revêtir les liserés arc-en-ciel…

---

1. Repris à trois cents mètres de la ligne par le peloton, j'ai terminé quatre-vingt-huitième de l'épreuve.

Je le reconnais aussi : en me sacrifiant pour mon coéquipier, j'avais sans doute à l'esprit l'image que je transmettais, sur une course télévisée, à un âge de ma carrière où je commençais à chercher à attirer l'œil des recruteurs professionnels. J'attendais certainement une forme de retour sur investissement.

Bref, pour de multiples raisons, et dans ce cas comme dans d'autres, j'ai toujours senti que mon individualité résistait au sens du collectif, à l'esprit de sacrifice. Je le confesse : nombre de mes comportements altruistes peuvent *a posteriori* s'expliquer par des motivations égoïstes… Et je ne crois pas être une exception.

Pour certains, l'idéologie du collectif s'est toutefois tellement ancrée dans les esprits qu'elle n'est plus remise en question, l'hétéronomie revêtant des airs d'autonomie. Ils disent : « on a gagné », et ils s'identifient à cette entité supérieure, ce « on » dont personne ne sait trop ce qu'il signifie. Ce pronom réfère-t-il à l'équipe comme unité, ou à la somme des joueurs du groupe ? Est-ce la ville, le sponsor ou le pays que l'on représente ? Peu importe en vérité, du moment qu'il y ait la joie de faire partie d'une grande aventure, de l'emporter ensemble, « tous pour un, un pour tous » !

Mais regardons ce qu'il advient de cette magie du sentiment d'appartenance en situation de crise, face à la défaite notamment. Le supporter de football transforme facilement le « *on* a gagné » par un « *ils* ont perdu » de circonstance. Il ne veut pas être touché intimement par la défaite, et c'est pourquoi il se désolidarise du groupe auquel quelques instants plus tôt il était lié de façon immarcescible : il visait avant tout son plaisir propre au travers de la communion sportive.

De manière analogue, on observe dans toutes les disciplines qu'une équipe en difficulté a tendance à se disloquer face à la peur de la défaite. Chacun cherche individuellement à « sauver la patrie », par des actions folles et improbables, ce qui n'a généralement pour conséquence que d'entériner la débâcle. La formation se désunit d'autant plus que les membres qui la composent tentent de faire basculer la compétition à eux seuls. Si une équipe cycliste doit renverser un mouvement de course à son désavantage, en revenant sur une échappée qui vient de se former par exemple, les coureurs seront plus efficaces s'ils se rassemblent, se concertent, et agissent ensemble – plutôt que de faire l'effort de manière isolée pour revenir sur la tête.

Cette tentation de l'attaque solitaire est certes loin d'être optimale ; elle n'en est pas moins humaine, et se constate quel que soit le niveau de pratique. Les enfants dans les cours de récréation ou dans les clubs sportifs agissent naturellement de manière très personnelle, avant qu'on ne leur apprenne qu'il est plus rationnel de la jouer collectif. Dans des situations extrêmes, c'est cet instinct réprimé qui resurgit – la plupart du temps avec insuccès.

Parfois, cependant, l'action individuelle est couronnée de succès. Le coureur piégé relance avec un parfait *timing*, dans une bosse raide, après une descente sinueuse, et « fait le saut » pour rejoindre l'échappée, remettant son équipe dans le droit chemin. On appelle souvent « chance » cet incroyable moment où, contre toute attente, une personne seule parvient à renverser un cas désespéré. Il faudrait plutôt y voir le talent particulier du champion, point nodal de l'équipe capable d'endosser la destinée de tout un groupe, brillante résurgence du singulier au milieu de l'universel partagé.

Il y a beaucoup de très bons joueurs de football, mais peu sont des buteurs nés, des « renards des surfaces », ou bien des passeurs décisifs, qui peuvent en un éclair de génie apercevoir un espace et délivrer un « caviar » à leur partenaire. Il y a beaucoup d'excellents coureurs cyclistes, qui pourtant ne gagneront jamais une course. Il leur manque cet instinct, celui de la victoire, celui de l'exceptionnel. Peu à peu, leur égoïsme originel s'est perdu, dilué dans les commandements du collectif. Ils ne savent plus gagner et donnent procuration à leurs leaders dont certains, au talent hors du commun, peuvent être qualifiés de champions.

Sûrs de leur force, leur confiance en soi est à peine masquée. Un joueur de football comme Cristiano Ronaldo en est l'exemple parfait. Il appartient à toute une tradition de phénomènes du football, dont le génie ne saurait s'exprimer s'ils s'en tenaient aux schémas préétablis. Car la caractéristique du champion, c'est de sortir de la norme. Le but si fameux de Maradona face à l'Angleterre en 1986 serait-il resté dans la légende si, au lieu de dribbler la moitié d'une équipe, sur la moitié d'un terrain, il avait fini par transmettre son ballon au lieu de marquer lui-même ? Hinault, Merckx, Anquetil... tous ces grands noms du cyclisme auraient-ils traversé les époques s'ils n'avaient été portés, au faîte de leur gloire, par une estime de soi surhumaine ?

Anquetil n'était peut-être pas beaucoup plus fort physiquement que Poulidor, mais l'un avait cette rage de vaincre, quand l'autre finalement s'accommodait de la popularité accordée au perdant magnifique. Au bout du compte, dans chacun des cas, l'ego se trouve conforté : par le triomphe brut, direct pour le champion ; par le plaisir de se dire « j'aurais pu... » pour le rival défait, ravi d'avoir au passage gagné le cœur des supporters. Mais jamais, à bien creuser les choses, on n'observera de pur désintéressement à l'égard de sa propre activité sportive. Jamais le simple plaisir de participer ne suffira à l'athlète, pas plus qu'au spectateur d'ailleurs qui engage toute sa personne, toute sa chair, auprès de la formation qu'il supporte.

Une équipe n'est jamais un tout monochrome, un bloc sans aspérités ni diversité. C'est un assemblage de personnalités, qui doivent s'imbriquer au mieux sans jamais oublier de performer individuellement. Le sport américain, avec l'importance majeure qu'il accorde aux statistiques personnelles, semble avoir entériné ce point. En Europe, nous sommes encore attachés au mythe des joueurs « unis comme un seul être pour l'amour du maillot ». Il est vrai que le rôle des entraîneurs ou des directeurs sportifs est que leurs athlètes se complètent si bien les uns les autres que le groupe *paraisse* un corps indivis, au sein duquel viendront même se fondre les spectateurs. Mais n'oublions jamais qu'il s'agit là d'apparences, et que si l'on peut jouer avec elles, ce n'est qu'à partir du moment où nous les avons reconnues comme telles.

*

« La pitié est douce, parce qu'en se mettant à la place de celui qui souffre, on sent pourtant le plaisir de ne pas souffrir comme lui[1] » – ces mots de Rousseau résonnent sous le casque de tout cycliste. Qu'il est énervant, quand on termine une course dans la douleur, que l'on s'époumone dans les derniers kilomètres de l'ultime ascension de la journée, lâché depuis bien longtemps, d'entendre les encouragements condescendants de coureurs qui en ont déjà terminé, regagnant à vélo leur bus en contrebas. Leur joie d'avoir obtenu un bon classement se trouve renforcée par cette vision de visages hagards, défigurés par l'effort, par cette idée qu'ils *auraient pu* être de ceux-là...

De même en est-il de la générosité : par le don, on marque sa supériorité sur autrui, on entérine le fait que *lui* a un besoin que *moi* je n'ai pas. Si je me débarrasse d'un bien, c'est parce que j'en ai les moyens, parce que je suis fort et que toi tu es faible... La munificence perd

1. *Émile ou De l'éducation*, 1762.

alors de sa superbe. Fondamentalement, elle n'est pas tournée vers l'autre mais vers soi-même, s'inscrivant dans un jeu de pouvoir et d'influence.

Si je me sacrifie pour un coéquipier ou si celui-ci se dévoue pour moi, c'est généralement que quelque chose est attendu en retour : une prime, un contrat, la popularité, parfois simplement un remerciement, ou le plaisir de se révéler indispensable. Il n'y a pas de don gratuit dans le sport, pas plus qu'il n'y en a dans les autres strates de la société. Le peloton est un lieu de troc. Pourquoi en avoir honte ? Il n'y a rien là de cynique. Au contraire, le jeu sportif, s'il n'était masqué par une idéologie politiquement correcte, aurait le mérite de présenter chacun dans toute son honnêteté. Vouloir faire de la générosité un absolu, tromper son monde en créant cet idéal, voilà en revanche ce qui est indécent.

Quand un service rendu suppose une contrepartie palpable (de l'argent, un coup de main en retour…), la discussion n'a pas lieu d'être. C'est quand le gain est immatériel qu'il peut laisser croire à un don de soi « total ». Se montrer généreux consiste pourtant, d'une certaine façon, à travailler son image, en se valorisant aux yeux des autres ou à ses propres yeux. Ces gains « symboliques » ne sont-ils pas des formes de retour sur investissement ? Nous avons tous besoin de séduire ou d'accroître l'estime que nous avons de nous-mêmes. Je n'en voudrais pas au bénévole qui admettrait que son implication associative n'a pas seulement pour fin la défense d'une belle cause, mais qu'elle repose aussi sur une inspiration conséquentialiste, sur un calcul – même inconscient – de ce que ses bonnes actions pourront lui rapporter. Je ne m'offusquerais pas plus si un coéquipier expliquait qu'il ne me protège pas du vent par pure sympathie, mais également parce qu'il y trouve un intérêt quelconque.

Les philanthropes fortunés qui financent des associations de bienfaisance sont-ils dénués de toute arrière-pensée ? Ils songent certainement à la manière dont leur geste sera perçu. En se dépeignant sous des airs empathiques, ils espèrent récolter une forme de publicité.

Souvenons-nous de l'incendie de la cathédrale Notre-Dame en avril 2019, et du débat qui s'était ensuivi après que quelques grandes fortunes se furent empressées de se délester d'une partie de leurs deniers afin de retaper le bel édifice : en dépit des faits bruts – des milliardaires ont donné des millions pour sauvegarder un bien commun –, beaucoup avaient cherché à démasquer la part d'intérêt caché, preuve de l'attitude paradoxale, toujours soupçonneuse, que nous avons à l'égard d'actes soi-disant gratuits. On s'indignait qu'ils profitent d'une catastrophe pour obtenir des réductions d'impôts, carottes du don, au détriment des contribuables à qui *in fine* incomberait le poids des avantages fiscaux. Devant la polémique, certains des donateurs avaient finalement renoncé à récupérer une partie de leur mise, décision saluée à l'époque par le rapporteur de la commission des finances à l'Assemblée qui avait encouragé chacun à agir de façon aussi « parfaitement désintéressée ». Pourtant, quand bien même la contrepartie financière n'était plus là, pouvait-on dire que l'acte était innocent de toute stratégie de récupération médiatique ?

Plus une catastrophe se retrouvera sous le feu des projecteurs, plus elle fera l'objet de dons, tandis qu'une autre, toute aussi tragique, mais absente des JT, sera l'oubliée des financiers. Au-delà des considérations économiques, l'absence de retombées en termes de notoriété (sur la place publique ou dans un cercle restreint, pour les petits donateurs) explique le phénomène. Le défaut de médiatisation engendre une faible mobilisation émotionnelle collective : il n'y a rien à tirer de l'événement. La publicité en revanche attire la publicité.

L'idée n'est pas de jeter le discrédit sur ces puissants en quête de visibilité, sur le cycliste qui réfléchit aux conséquences de son geste quand il roule pour un coéquipier, et encore moins sur ces quidams qui donnent en suivant l'actualité, sur tous ces gens qui se montrent généreux par intérêt, parfois simplement pour améliorer l'image qu'ils ont d'eux-mêmes, ce qui est une des formes de rétribution de l'esprit de don. On ne peut porter de jugements moraux sur ces actes, puisqu'il n'est pas ici question de « valeurs », que les calculs se mêlent sans cesse aux sentiments, sans qu'il soit possible de les distinguer.

*

L'être humain a besoin de se transcender. Il nous faut atteindre quelque chose de plus grand que nous-mêmes, quelque chose qui nous fasse participer d'un universel résorbant la misère de nos trajectoires particulières.

Le sport, depuis maintenant plus d'un siècle, s'est ajouté à la liste des lieux de transcendance, aux côtés des Églises, de l'amour ou de l'art. « Se dépasser soi-même », voilà le mantra de tous les athlètes, professionnels et amateurs. Que recherche le cyclo du dimanche, se tirant la bourre avec ses copains dans les bosses du coin ? Quelle est l'ambition du cycliste accompli, s'entraînant tous les jours avec méthode, tordant son corps pour gagner quelques watts ? La même chose, à savoir le surpassement, le sentiment d'être en avance sur soi-même, l'euphorie consistant à atteindre un état second où le plaisir se mêle à la douleur, où l'hyperesthésie confine à l'extase, impression de « sortie de soi-même », d'oubli de sa singularité.

Rien d'infamant dans ce désir animal, qui peut parfois tourner au sublime. Il ne faut pas oublier que s'il n'y avait un *soi* originel, il n'y aurait rien à dépasser… Ce n'est pas cette volonté de « plus » que je critique (c'est elle qui m'anime dans ma pratique sportive), mais cet habillage publicitaire qu'on lui adjoint, pour des raisons morales, par honte de la vie, de sa bassesse matérielle, de la corporéité. Les grands hommes et les grands gestes ne devraient être ni des hommes ni des gestes : ils devraient seulement être grands, et faire silence sur leurs instincts et leurs inspirations profondes, sur tout ce qui les a amenés à agir comme ils agissent, à être ce qu'ils sont. On ne veut voir que le résultat, l'être – ce pourquoi l'on présente les gens comme des « personnalités », des « types » supposés exister ainsi de toute éternité –, et l'on omet le devenir, ce qui a conduit à l'édification d'une personne, le processus derrière l'acte.

Il faudrait être capable de le déclarer sans crainte : au fond de tout acte de générosité persiste une inspiration égoïste, une part de calcul, une évaluation, même semi-consciente, de ce que ce comportement pourra rapporter. Quand « *je* donne », il y a toujours un « je » qui donne. L'individu ne s'oublie pas, au risque de nier ce qu'il est – attitude morbide qui signalerait un désamour de la vie. Une offrande qui aurait exclu tous les éléments personnels qui la composent ne serait plus humaine, mais sainte.

Le peloton n'est pas constitué d'êtres diaboliques, mais tout de même, sans le désir de briller comme aiguillon poussant les coureurs à appuyer sur les pédales, il n'y aurait plus de compétition. Sportifs de haut niveau, nous sommes tous portés par un appétit de gagner puissant. Si en certaines occasions nous acceptons de réprimer ce désir, en abandonnant nos chances personnelles en faveur d'un coéquipier, c'est que nous trouvons là un moyen indirect de continuer à satisfaire notre individualité. Nous créons en quelque sorte une dette ; nous obligeons l'autre athlète, plus tard, à agir réciproquement, ou à produire une forme de compensation. Et le créditeur devra même en faire plus, car le temps crée l'usure, comme l'explique Marcel Mauss dans son *Essai sur le don*, en 1924.

L'anthropologue y analyse le phénomène du présent, à partir de l'étude de certaines ethnies d'Amérique ou du Pacifique. Il explique que tout don appelle un contre-don. Ce qu'il appelle des « prestations totales » de tribu à tribu, loin d'être des cadeaux gratuits, sont en réalité des prêts, des obligations adressées, insérées dans des jeux de pouvoir, des relations sociales de dépendance. La question de l'honneur est centrale. En participant à ces systèmes d'échanges, c'est son rang que l'on défend, et *in fine* sa propre existence. Ne pas pouvoir rendre, c'est « perdre la "face" », c'est-à-dire en somme perdre son humanité.

Quand Bernard Hinault, en 1986, préfère honorer la promesse faite l'année précédente à son coéquipier Greg LeMond de l'aider à gagner le Tour de France plutôt que de chercher à remporter une sixième fois l'épreuve à titre personnel, il s'inscrit en plein dans ce schéma d'échanges symboliques. Il aurait pu trahir, il aurait pu se dédire – mais alors il aurait révélé sa faiblesse, son infériorité spirituelle. Il a accepté de perdre, pour gagner les honneurs.

De même, après une course où un partenaire s'est particulièrement démené pour me lancer sur le chemin de la victoire, je me sens redevable. Mon premier succès professionnel, sur le Tour du Limousin 2017, fut acquis au terme d'un long raid mené avec un coéquipier de ma formation d'alors, Wanty-Groupe Gobert. À l'approche de la ligne d'arrivée, quand il devint clair que le peloton ne pourrait plus revenir nous disputer la victoire, il me fit signe de prendre quelques longueurs d'avance, me disant juste qu'il était en fin de contrat et qu'il comptait sur moi pour plaider son cas auprès de notre manager. Nous avons tous deux levé les bras, mais je fus le seul à voir son palmarès enrichi. Le soir même, j'appelai bien sûr notre patron et profitai du poids que l'on commençait à accorder à mes avis pour défendre la prolongation de mon collègue. Échange de bons procédés...

À l'intérieur des épreuves sportives se déroule ainsi un autre type d'épreuve, une course au service rendu, non par plaisir, amitié, sens du devoir ou « parce que l'on est payé pour ça », mais pour assurer sa place dans l'équipe, pour acquérir un statut, parfois simplement par fierté.

Les relations entre coéquipiers, et même entre adversaires, peuvent être apparentées aux phénomènes dits du *potlach* (dans le Nord-Ouest américain) et du *kula* (en Nouvelle-Guinée) auxquels s'intéresse Mauss, grands déballages festifs où le système du don/contre-don fonctionne à plein régime, en une compétition effrénée à celui qui abandonnera le plus, celui qui détruira l'objet ayant le plus de valeur, pour marquer sa supériorité. Afin d'insister sur la dimension concurrentielle inhérente à ces échanges, ces phénomènes sont définis comme des « prestations totales *agonistiques* ».

Il arrive en course que l'on voie certains coureurs « faire le show », attaquer à tout rompre, pratiquer ce que l'un de mes directeurs sportifs chez les amateurs appelait, avec un ton amusé de réprobation, du « hourra cyclisme » ; au détriment du résultat, puisque celui-ci s'acquiert généralement en restant calme, plein de sang-froid, chirurgical dans ses offensives. La victoire n'est cependant peut-être pas le but ultime ; pour certains, il est plus important de *montrer* que l'on est fort, d'étaler sa puissance. Comparables au *potlach* évoqué par Mauss, ces attaques insensées auraient pour finalité de signaler que l'on est prêt à laisser toutes ses forces sur la route, parce que l'on en a beaucoup. C'est cela le panache : bien se battre de sorte à ce que tout soit *comme si* nous avions gagné…

En d'autres occasions, nous attaquons, non pas pour faire le spectacle, ni pour nous isoler à l'avant, mais simplement pour tester nos adversaires. Là encore, il s'agit de prendre un ascendant psychologique. Nous donnons quelque chose de nous-mêmes afin que l'autre dévoile ce qu'il peut livrer en retour : parviendra-t-il à me suivre ? Essaiera-t-il de me contrer ? Nous payons pour voir.

Ce système du don/contre-don témoignant de rivalités toujours sous-jacentes peut être étendu à la société dans son ensemble. Mauss lui-même établit cet élargissement, dans les dernières pages de son essai, en devinant des formes de *potlach* dans nos sociétés occidentales, à l'exemple de la marque de politesse, du « bonjour » qui, plus que l'expression d'une chaleureuse et sincère amitié, peut être analysé comme désir d'emprise, contrainte imposée à son interlocuteur : une fois la salutation reçue, la réponse est attendue, obligée. De la même manière, on n'imagine pas un Noël où l'on recevrait des cadeaux sans en offrir.

C'est cet impératif de réciprocité, et l'impossibilité dans lequel certains se trouvent parfois d'y satisfaire, qui explique que la charité puisse être vexante pour qui en est le destinataire. Le sentiment de honte est souvent mis en avant par les bénéficiaires des différents programmes de solidarité. On m'a donné, il faut que je donne, et même plus que ce que j'ai reçu. Mais ma position de pauvreté – la raison même pour laquelle on m'a distribué quelque chose – implique que je ne peux rendre. Je me trouve de ce fait piégé, prisonnier de ma position sociale. Mon infériorité est entérinée par cela même qui est censé m'élever.

Cet acte profondément social qu'est le don n'est donc pas l'expression d'une individualité s'oubliant elle-même, mais au contraire un outil de pouvoir, une arme créatrice d'un réseau d'interdépendances. Il est intriqué dans un système de domination, dans un jeu de force ayant pour but de se valoriser.

Pourquoi se sent-on obligé de rendre ? Qu'y a-t-il dans l'objet donné qui impose un retour ? Mauss écrit : « ce qui, dans le cadeau reçu, échangé, oblige, c'est que la chose reçue n'est pas inerte. Même abandonnée par le donateur, elle est encore quelque chose de lui ». Ce « quelque chose », c'est le « *hau* », « l'esprit des choses », lequel ne cesse jamais d'appartenir à leur détenteur premier. Dans notre perspective, le *hau*, c'est l'individualité, qui par définition ne peut pas être partagée, qui ne peut se fondre dans le commun sans se détruire. En conséquence, à proprement parler, l'humain ne se donne jamais ; il se prête – en vue de…

C'est ce qu'avait fait LeMond en 1985. Hinault n'avait d'autre choix l'année suivante que de rembourser son emprunt.

*

Parfois, cependant, les promesses ne sont pas tenues. Quand la tension s'exacerbe, la puissance de l'individu apparaît, brute. L'appel égoïste ressort de manière criante. À vélo, dans des situations critiques, quand l'intégrité physique est menacée, que l'on soit équipier ou leader, les idéaux de sacrifice et d'abnégation sont remisés au nom du « chacun pour soi ». Lors d'une chute ou dans des conditions atmosphériques extrêmes, le discours réfléchi cède le pas à l'instinct, l'ego resurgit et se déploie sans frein. On veut avant tout *se* sauver.

Je me souviens de mon premier Liège-Bastogne-Liège, couru alors que je découvrais le monde professionnel, en 2016. La météo était atroce : toute la journée – c'est-à-dire durant sept heures et deux cent soixante kilomètres – nous oscillâmes entre zéro et cinq degrés, entre pluie et averses de neige. Mon équipe possédait un leader installé capable de gagner la course. Au briefing, mon rôle, ainsi que celui de mes partenaires, était clair :

le protéger le plus longtemps possible, l'accompagner s'il devait s'arrêter pour une raison quelconque, bref le mettre dans les meilleures dispositions avant le final. Sur le papier, nous étions tous d'accord pour remplir cette mission. Seulement, sur le terrain, après plusieurs heures d'effort et une énième bourrasque de neige, ces belles intentions volèrent en éclats. Notre leader s'était arrêté, frigorifié, pour revêtir des affaires sèches ; tout autant transis de froid, nous ne songions plus à l'attendre pour le ramener dans le peloton. Nous étions sortis de la course, littéralement devenus sourds aux consignes de nos directeurs sportifs. Nous voulions juste sauver notre peau toute hérissée de frissons, nous voulions en finir au plus vite – certainement pas nous stopper sur le bas-côté, quelque part au fond des Ardennes belges, au risque de nous refroidir encore plus. Personne dans l'équipe ne nous reprocha quoi que ce soit : chacun savait trop bien, par expérience, qu'en pareil cas il est inutile de chercher à raisonner des instincts de survie.

Dans le sport, un autre type d'instinct se trouve particulièrement bien aiguisé : celui de la gagne. Si une situation de course imprévue se produit offrant à un *gregario*, un « porteur d'eau », l'occasion de jouer sa carte personnelle, la tentation de « trahir » son leader peut être grande. Les exemples d'infidélité à la hiérarchie sont légion dans l'histoire du cyclisme. Un des plus fameux eut lieu lors des championnats du monde à Renaix, en 1963, lorsqu'un quasi-inconnu, Benoni Beheyt, choisit de faire son propre sprint et s'imposa, alors qu'il avait promis de se mettre au service de son compatriote, la star Rik Van Looy. L'appel de la victoire fut plus fort que tous les beaux engagements. Le cas fit polémique. Dans les années suivantes, Van Looy fit tout son possible pour ternir la carrière de Beheyt. Celui-ci prit finalement sa retraite quelques années plus tard, à vingt-six ans seulement. Le poids de son parjure était certainement trop lourd à supporter.

Mais ces pulsions égoïstes, rarement dévoilées et néanmoins toujours agissantes, ne sont peut-être que l'apanage d'athlètes narcissiques déconnectés de l'humanité ? L'altruisme pur, le vrai, existerait dans la vie réelle, loin de ce monde de monstres sans cœur que sont les terrains de sport. Ainsi de l'amour filial : un parent est prêt à faire passer sa propre vie après celle de son enfant. Le sacrifice et la désindividuation sont ici ultimes ; ils peuvent aller jusqu'à prendre le risque de mourir pour qu'un autre vive. Il faudrait être bien cynique pour voir là un comportement égoïste déguisé…

Et pourtant, n'est-il pas acte plus autocentré que celui d'enfanter ? Nombre de parents reconnaîtront bien volontiers que leur famille, et leurs enfants en particulier, est ce qui donne sens à *leur* vie. Engendrer, c'est engager son existence dans une direction. C'est aussi affirmer : j'ai droit de vie. Et ces sentiments – cette quête de sens et cette volonté d'affirmer sa puissance – peuvent être si forts qu'ils justifient qu'on leur sacrifie notre propre existence, permettant ainsi sans contradiction que l'on soit prêt à mourir pour que notre vie ait une raison d'être.

Il n'en demeure pas moins qu'au travers de l'autre nous sommes avant tout préoccupés de nous-mêmes, de sorte que la valeur suprême que nous attachons à nos enfants est encore valeur *pour nous*.

Encore une fois, ces réalités parentales inavouées sont tout à fait naturelles ; ce dont elles témoignent – à savoir de notre égoïsme profond, indépassable, par-delà tous nos plus beaux sentiments d'abandon de soi – n'est en rien condamnable. Il faudra bien sûr qu'une éthique intervienne dans un second temps, pour cadrer nos comportements dans un monde d'interrelations, dans une société à laquelle nous devons nécessairement prendre part. Mais à ce stade, il n'est pas inhumain ni insensé de préférer sa vie à celle de sa progéniture.

Tel est l'enseignement que l'on tire de la lecture du mythe de Médée, héroïne grecque ayant été jusqu'à tuer ses enfants par désillusion amoureuse, après que Jason l'eut repoussée. Médée était-elle aliénée ? Je ne le crois pas ; elle était plutôt le symbole d'une individualité absolue. La magicienne n'était pas folle, mais simplement humaine, trop humaine ; et c'est précisément pour cela qu'elle doit être condamnée : non pas parce qu'elle se serait rendue coupable d'un crime contre son espèce, mais parce qu'elle n'a pas su contenir sa dévorante et passionnelle humanité.

L'évocation de ce mythe résonne en moi avec un événement marquant de mon enfance : le visionnage, à la télévision, alors que je devais avoir dix ans environ, d'un docufiction sur Hiroshima après la bombe, où l'on voyait une mère japonaise en larmes abandonner son bébé prisonnier de débris dans un univers en flammes, désarmée face à une alternative impossible : secourir son enfant et mourir ou l'abandonner et survivre. Cette scène est bien sûr très différente du mythe de Médée, en ce que d'un côté le personnage est responsable et de l'autre il est victime. Pour autant, ce qu'elle m'a révélé, par-delà le choc immédiat des images, est de nature analogue. Il s'agit de ce que tout enfant découvre un jour : à savoir que les adultes, nos parents en particulier, ont des failles, qu'ils ne sont pas des dieux mais des êtres vivants avec leurs sentiments et leurs ressentiments, leurs désirs, leurs faiblesses ; des êtres capables de vous abandonner ou, moins gravement, de vous oublier en plein repas mondain alors que vous vous ennuyez, tout occupés qu'ils sont à briller en société.

Le tiraillement de cette femme japonaise, écartelée entre son amour sincère et absolu pour son bébé et l'impératif de vivre, symbolise de manière paroxystique la tension que nous vivons tous entre une constante aspiration vers l'autre (pouvant aller jusqu'au désir de fusion) et l'instinct de préservation de soi. Il est bien sûr choquant que dans des situations extrêmes ce dernier prenne le dessus. C'est même dramatique : nous luttons contre une réalité avec laquelle nous sommes nés, à laquelle nous ne pouvons rien changer. D'où notre impuissance fondamentale, d'où la culpabilité insoluble.

La nature nous impose de survivre et la morale nous

commande de sauver notre prochain. Ce double commandement, qui demande ni plus ni moins à ce que tiennent ensemble individuel et collectif, est heureusement réalisé dans la plupart des moments de notre existence sans même que l'on s'aperçoive qu'il puisse poser problème. Toutefois, dans des cas extrêmes comme ceux que nous avons décrits, il devient impossible à tenir – preuve que l'esprit de sacrifice, en son sens ultime, n'est que secondaire par rapport à l'instinct de sauvegarde de soi-même.

Quand bien même quelqu'un irait jusqu'à mourir pour sauver la vie d'un proche, pour défendre des valeurs ou une culture qu'il estimerait au plus haut point, il s'agirait là d'un acte héroïque certes, mais non humain. L'individu, porté par une puissance supérieure de vie, se tue au nom de cette même puissance : scandale ! C'est quand Médée se suicide qu'elle devient inhumaine…

L'incohérence est tragique, inconcevable. C'est pourquoi il faut les poètes pour la mettre en lumière. Achille, archétype du héros, figure centrale et dominatrice de l'*Iliade*, reconnaît après sa mort, depuis l'Hadès où il végète, qu'il regrette d'avoir trépassé pour les honneurs, affirmant qu'il préférerait « vivre et servir un pauvre paysan pouvant à peine se nourrir que régner sur tous les morts qui ne sont plus[1] ». Il avoue que le sacrifice était insensé. Seuls les dieux peuvent s'abandonner

1. Homère, *Odyssée*, chant 11.

entièrement à la vie d'autrui. Les humains quant à eux sont condamnés à se privilégier eux-mêmes.

*

Dans la vie de tous les jours, je suis poli et réservé. Je peux même dire que j'ai des valeurs, ou tout du moins une certaine idée de ce qu'est une vie décente. Si j'aperçois quelqu'un en difficulté avec une grosse valise, je me propose de lui prêter main-forte. S'il reste un seul petit-four sur un plateau apéritif, je m'abstiens d'y succomber. Bref, on peut dire que j'ai une morale.

Dans le peloton, je suis généralement tout aussi courtois. Les courses sont longues, ponctuées de nombreux temps morts. L'enjeu sportif est alors assez éloigné pour que nous puissions discuter entre adversaires, de tout, de rien et même de pas grand-chose. Un coureur cherche à remonter pour apporter quelques bidons à ses coéquipiers ? Quand je l'entends crier « service ! » (qu'il soit français ou pas – un de ces petits accords tacites qui gouvernent notre quotidien), je me range aussitôt afin de le laisser passer. Si après le ravitaillement il me reste dans la musette quelques barres ou gels énergétiques en sus, je les propose à qui se trouve près de moi, plutôt que de les jeter dans la zone de déchets prévue par l'organisation. En somme, j'agis de façon fort respectable.

Quand vient le temps de la confrontation, en revanche, quand le rythme s'accélère et que la ligne se rapproche, je me transforme. Morale et bienséance se taisent ; je redécouvre mon animalité originelle. Il n'y a plus que *moi* qui compte.

« Service !

– Trop tard, l'ami. La course a démarré, désormais les positions sont comptées. »

Sur ce, je joue des coudes pour m'assurer une place dans les premières positions du peloton, contre ceux-là mêmes avec qui je discutais amicalement quelques instants auparavant. Je ne fais plus la distribution des gels. Le sucre est soudainement devenu un bien précieux, un trésor d'énergie à préserver. Révélés par l'affrontement athlétique, les instincts primaires se font jour.

Ce que permet de montrer le sport, c'est que nous ne sommes pas bien différents de nos ancêtres préhistoriques, pas différents des autres animaux, ou des êtres végétaux. Nous sommes de la matière qui cherche à se développer. Cette impérieuse préférence individuelle, résistant aux *diktats* du collectif, plus forte que l'amour que l'on pourrait porter à n'importe quel autre individu, elle est inscrite dans nos gènes, dans ceux de tout organisme.

Tel était le propos d'un livre paru dans les années 1970, qui fit beaucoup de bruit : *Le Gène égoïste,* de Richard Dawkins. La thèse de cet ouvrage était que les gènes qui se détachent et s'imposent au sein des organismes sont ceux qui servent leurs intérêts propres.

L'auteur s'inscrivait dans la lignée de Darwin, pour qui les êtres vivants sont engagés dans une lutte pour l'existence, que viendra trancher la sélection naturelle.

La vie est un combat, dont le vainqueur sera celui qui s'adaptera le mieux à son milieu et à ses règles en triomphant de ses concurrents. Le vocabulaire sportif ici employé n'est pas un artifice rhétorique : c'est celui-là même qu'emploie Darwin dans *L'Origine des espèces* (en particulier quand il est question de la sélection sexuelle).

La joute athlétique, renvoyant chacun à sa brutale animalité, s'inscrit dans la continuité d'un état de fait biologique. Si de l'extérieur le peloton peut apparaître comme un bloc sans faille, une corporation, et les équipes comme des entités indivises, à l'image de sociétés ou de nations que l'on rêverait unies, la tension de l'effort et l'impératif de la victoire dévoilent bien vite la puissance des aspirations singulières. De fait, les tentatives d'association qui agitent le peloton – au travers de syndicats notamment – se révèlent souvent friables. Lors de la première étape du Tour de France 2020, à Nice, quand une majorité des coureurs s'accordaient pour neutraliser la course rendue trop dangereuse à cause d'une chaussée savonneuse, l'équipe Astana décida d'attaquer en descente afin de profiter de la situation. Quelques semaines plus tard, sur le Tour d'Italie cette fois, la dix-neuvième étape censée se dérouler sur deux cent cinquante kilomètres sous la pluie fut amputée de plus de la moitié de sa distance initiale suite à une grève du peloton. Mais il n'y avait pas consensus : quatre équipes – celles précisément ayant des intérêts à ce que l'épreuve soit la plus dure possible pour user leurs adversaires – avaient souhaité le maintien du parcours prévu. Enfin, la même année, sur le Tour d'Espagne, un mouvement de protestation suite à une erreur des commissaires la veille avait retardé de plusieurs minutes le départ. Sur les images, les coureurs pouvaient apparaître comme une entité unie. Je me trouvais sur place ; je peux dire que de l'intérieur les avis sur les actions à mener étaient loin d'être unanimes, y compris au sein de chaque équipe, selon les motivations profondes de chacun.

Cette idée d'une nature égoïste de l'homme et du vivant, que semblent confirmer ces exemples sportifs, corroborant les théories de Darwin puis plus tard de Dawkins, fut toutefois critiquée au motif que tous les jours dans le monde humain comme dans le reste du monde animal s'observent des comportements purement altruistes. Darwin le reconnaissait. Il s'agissait là d'une forte objection à sa théorie conçue comme une lutte acharnée pour la vie. Il y répondit en expliquant que la sélection naturelle pouvait valoir non seulement à l'échelle individuelle, mais également d'un point de vue du groupe : les espèces dont le niveau de coopération était supérieur voyaient leurs chances de survie augmenter, quand bien même cela imposait le « sacrifice » de certains des membres (telles les abeilles qui se condamnent en laissant leur dard sur l'ennemi).

Plus tard, en 1964, le biologiste anglais William Hamilton reprit la question, en invoquant cette fois une « sélection de parentèle » : si les individus se dévouent pour des proches, c'est parce qu'ainsi ils favorisent la perpétuation de gènes proches des leurs. Même de manière indirecte, ils défendraient donc leurs intérêts.

Ces théories – « égoïsme » du gène, « sélection de groupe », « sélection de parentèle » – continuent aujourd'hui d'être discutées. On leur reproche souvent une approche trop biologisante, ne prenant pas assez en compte des facteurs culturels (l'impératif social de réciprocité, l'importance de la réputation). Certains vont même plus loin, et réclament un changement de paradigme : il ne faudrait tout simplement pas chercher à rattacher les comportements altruistes à un quelconque dessein caché. Ce sont eux, à l'inverse, qui sont naturels – l'égoïsme étant présenté comme une construction idéologique destinée à trouver un fondement à la doctrine capitaliste. Ce courant se fait aujourd'hui connaître sous le nom de « convivialisme ». Il entend défendre une société fondée sur les notions de partage et d'entraide, où la coopération est la norme.

Mais ce débat – consistant à se demander si l'homme est naturellement égoïste ou altruiste – a-t-il vraiment lieu d'être ? Ce que les exemples cyclistes précédemment évoqués révèlent, c'est que si l'individu tend à se privilégier lui-même il ne peut y parvenir qu'à travers le groupe. Face au reste du peloton, face aux organisateurs ou face à des commissaires représentant l'institution arbitrale, la voix d'un ou de quelques coureurs isolés est inaudible. Une attaque non préparée et concertée est quasi condamnée à avorter. Une grève n'a de poids que si elle est largement suivie, plaçant ceux qui y sont opposés en position de faiblesse, sans d'autre choix que de se laisser dicter leur volonté.

Par principe, dans une compétition, l'athlète cherche avant tout à briller, à l'emporter. En ce sens, il est fondamentalement égoïste. Seulement, il ne pourra jamais triompher seul, *a fortiori* dans une discipline comme le cyclisme sur route où l'on retrouve près de deux cents concurrents au départ, sur des épreuves de longue durée, où les considérations aérodynamiques et d'aspiration sont primordiales. Un cycliste en plein milieu d'un peloton peut dépenser jusqu'à soixante-dix pour cent d'énergie en moins qu'un échappé solitaire. On comprend aisément pourquoi il est impossible à ce dernier de résister face à un groupe organisé pendant toute une étape.

Les coureurs doivent chercher à collaborer entre eux, ce qui explique l'organisation en équipes ; ils doivent ensuite nouer des alliances avec des adversaires autour d'intérêts partagés. Jamais je n'aurais pu obtenir le palmarès que j'ai actuellement si je n'avais pu compter sur des coéquipiers pour m'épauler. Jamais je n'aurais gagné une seule course si je n'avais su profiter du travail de mes concurrents. En 2019, par exemple, j'ai remporté une étape du Tour de Sicile, en haut de l'Etna, alors que je n'étais sans doute pas le plus fort ce jour-là. Mais j'étais bien entouré, mes partenaires m'ont idéalement protégé tout au long de l'étape, ils ont durci la course au moment opportun, puis, pendant une partie de la montée finale j'ai eu l'intelligence de m'économiser en restant dans la roue du leader du classement général qui défendait son maillot, avant de déboucher pour m'imposer dans les derniers hectomètres. J'avais compris et parfaitement mis en pratique cette idée que, si être premier est la finalité évidente du sportif, il est tout aussi fondamental pour lui de savoir intégrer un peloton, constitué de partenaires et d'adversaires qui le conduiront vers les sommets désirés.

Il n'en va pas autrement au sein de la société en général. Il est insensé de vouloir opposer ambitions individuelles et besoin de coopération. Pourtant, le lien semble aujourd'hui problématique. On place l'individu sur un piédestal, tout en construisant un monde du réseau, dans lequel chacun doit s'insérer sans faire de vague ; on encense le collectif, tout en laissant chacun jouir de son petit plaisir. Il y a là une contradiction interne : on ne peut à la fois reconnaître à une personne le droit de s'affirmer et lui demander de se lier à un système qui le nie.

La vie et la sécurité n'ont jamais été les biens suprêmes. Elles le deviennent peu à peu, depuis que la raison gouverne l'Histoire, que les impératifs de contrôle et de maîtrise ont remplacé l'instinct. Si le sport s'est développé à notre époque, c'est parce qu'il est la dernière bouée d'animalité, la dernière respiration d'un monde robotisé, où le corps et sa folie sont étouffés sous l'efficacité des algorithmes.

Pour dépasser cette alternative stérile entre égoïsme

et altruisme, il faut résolument s'extraire du champ de la biologie, ce que le sport permet : dans le domaine athlétique, ce n'est pas la survie que l'on cherche, il ne s'agit pas d'aller au bout du jeu sans risque – non, c'est la *puissance* qui est motrice. La soif de victoire est soif d'affirmation : on veut être premier pour s'éprouver, et cela n'est possible que par l'association avec autrui.

Milieu d'étape – Le peloton contrôle

« La société est aussi inévitable que la mort. »
Han RYNER[1]

Si l'individu reste premier, il n'existe pas sans la structure dont il ne peut s'extraire. Aussi insupportable et absurde puisse être la vie en collectivité, il est impensable de s'en imaginer coupé.

Parfois, quand je suis déçu après une course, je rêve d'un cyclisme pratiqué sans stratégies d'équipes, un sport redevenu pleinement individuel où les tactiques collectives n'auraient plus cours. Je rêve encore d'un cyclisme sans peloton, où les concurrents seraient virtuels, de simples X rationnels aux actions calculables et prévisibles. Comme tout serait plus limpide !

Tout coureur s'est forcément dit un jour que ce milieu était débile, que le peloton dans son fonctionnement n'obéissait à aucune règle logique, qu'il vaudrait mieux pratiquer son sport dans son coin plutôt qu'au sein d'équipes qui vous broient, au cœur d'un système qui vous abat – sentiments certainement partagés de nos

1. Han Ryner, *Petit Manuel individualiste*, 1905.

jours par bon nombre de salariés de groupes entrepreneuriaux. Agacés par la stupidité de nos semblables, nous fantasmons le refuge d'une île déserte, ou la vie recluse seuls dans les bois. L'enfer, bien sûr, c'est les autres.

La particularité du cyclisme, en outre, est que nous sommes amenés à évoluer en collectivité pendant de très longs laps de temps. Je passe ainsi entre deux cents et deux cent cinquante jours par an hors de mon domicile, en collectivité, que ce soit pour des compétitions, des stages ou des événements de représentation ; je dors plus souvent à l'hôtel avec des collègues de chambrée que chez moi avec ma compagne. À l'approche d'un Tour de France, les déplacements s'intensifient à l'extrême, avec toute la préparation et les reconnaissances d'étapes que l'événement requiert, tant et si bien que, durant près de trois mois, je ne vois presque pas mes proches et ma maison. N'est-ce pas étrange que de vivre ainsi en milieu clos, dans un univers essentiellement masculin, pendant des durées aussi longues[1] ?

Bien que la cohésion entre coureurs soit généralement bonne, cette vie où l'on est toujours intégré au collectif sans qu'il y ait de vrai moment « *off* », de moment à soi (il est très rare que nous soyons en chambres individuelles),

1. La période de la Covid-19 n'a fait qu'amplifier le phénomène, avec la mise en place de protocoles censés créer des « bulles » autour des épreuves afin de limiter les risques de contamination. Les voyages entre les courses étaient limités. Les visites familiales, sur un Grand Tour notamment, qui étaient jusqu'alors tolérées sur les journées de repos, furent interdites par mesure de précaution, renforçant l'isolement paradoxal des coureurs.

peut avoir quelque chose d'oppressant. Des tensions peuvent naître entre nous, ou au sein de membres du staff. Dans ce genre de situations, quand le sentiment d'étouffement conduit à l'implosion, la tentation est grande de rejeter tous les torts sur ces compagnons de route que nous n'avons pas choisis, ou carrément de tout envoyer valser, de quitter le peloton du jour au lendemain pour retrouver un peu de normalité.

Puis vient le temps de la réflexion, où l'on se demande ce que serait le monde sans les autres, si la vie ne serait pas triste sans partenaires et adversaires. Seuls, une « normalité » serait même impossible. Il faut bien quelqu'un pour « édicter la norme », quelqu'un à qui se référer, quelqu'un à qui se confronter. Nos équipes, nos entreprises, la société, le peloton ont beau être haïssables – nous n'existerions tout simplement plus sans eux.

Les êtres vivants, certes uniques et isolés, n'en sont pas moins toujours en interaction, en interrelation. Ils ne peuvent croître indépendamment les uns des autres. Aussi puissant soit le désir de repli, aussi forte soit notre résistance à l'extériorité, ils plient face à l'obligation de faire lien.

La biologie montre de manière évidente combien l'association est indispensable au vivant. Les systèmes reproductifs des animaux mais également des végétaux sont difficilement concevables sans une altérité, que celle-ci repose sur le rapport direct femelle/mâle ou bien consiste en l'inscription au sein d'un réseau mutuellement bénéficiaire, comme ces abeilles butinantes qui transportent les pistils d'une fleur vers une autre et participent de ce fait au processus de fécondation. Partout des interdépendances entre individus d'une même espèce voire entre espèces complémentaires se sont développées. L'exemple de la fourmilière est certainement l'un des plus connus. Dans cette société archi-hiérarchisée, le spécimen continue d'exister ; seulement son développement n'est possible que grâce à son intégration au sein d'un système qui lui est d'une certaine façon profitable.

Les humains ne font pas exception à cette règle de la nature imposant le passage à la vie en société. Formulation impropre en vérité : il ne peut être question de « passage », la vie par le groupe étant une nécessité depuis que l'humain est humain. On a souvent mal interprété les théoriciens du contrat social du XVIIe et XVIIIe siècle, et « l'état de nature » auquel ils faisaient référence. L'œuvre de Rousseau en particulier est souvent présentée comme aveuglément nostalgique d'un éden perdu, établi en un temps archaïque où chacun vivait en harmonie. Or le philosophe n'affirme jamais que ce monde ait pu avoir une quelconque existence concrète. Il construit au contraire une expérience de pensée ayant pour fin de mettre en lumière les défauts de nos organisations humaines modernes, c'est-à-dire de l'état civil, l'État structuré fondé par ce fameux contrat social spéculatif auquel nous ne pouvons que souscrire, en tant qu'il est l'arrière-plan implicite de notre existence[1].

1. Jean-Jacques Rousseau, *Du contrat social*, 1762.

Il n'y a jamais eu de Tour de France sans peloton. Même aux temps glorieux du cyclisme, au début du XXe siècle, quand les étapes faisaient chacune plus de trois cents kilomètres et que les écarts entre chaque concurrent se comptaient en quarts d'heure, l'épreuve était une manifestation collective qui regroupait athlètes, public, journalistes, organisateurs autour d'une même passion. Le fameux article d'Albert Londres sur les « forçats de la route », suite à l'abandon des frères Pélissier lors du Tour 1924, en témoigne. Le 27 juin, lors de l'étape Cherbourg-Brest, l'envoyé spécial du *Petit Parisien* entend bruire une rumeur parmi les spectateurs : Henri Pélissier, vainqueur de l'épreuve l'année précédente, ainsi que son frère Francis et un dénommé Maurice Ville auraient abandonné en cours de route. Usés par des réglementations absurdes et le « calvaire » toujours plus infernal que leur préparent chaque année les responsables de la course, les trois hommes se sont arrêtés à Coutances. Au Café de la gare, ils récupèrent devant un chocolat chaud, encerclés par un attroupement de badauds venus assister à l'événement. Parmi la foule, Albert Londres, accouru en hâte, se fraie un chemin pour une de ces interviews qui créeront le mythe du Tour de France. En quelques instants, tout un écosystème se fait jour : coureurs, suiveurs, organisateurs – chacun a sa vision de l'épreuve, entre esprit de camaraderie, glorification d'une épopée moderne, et intransigeance institutionnelle. Même si ces points de vue sont parfois opposés, il est indéniable qu'ils s'articulent tous autour d'une odyssée commune, de ce grand fait social qu'est le Tour.

« On s'habitue à tout, il suffit de suivre le Tour de France pour que la folie vous semble un état de nature », écrivait Albert Londres, dont on ne doute pas qu'il avait lu Rousseau, lequel appelait en son temps à créer un nouveau contrat social, plus respectueux de nos instincts fondamentaux, où ceux-ci ne seraient pas altérés par un état civil vecteur de discorde. Et si « la grand-messe de juillet » actualisait cette ambition ? Sans doute faudrait-il imaginer un « nouveau contrat athlétique », où l'arbitrage serait moins vertical, où les sportifs laisseraient parler leur bon sens et redeviendraient acteurs de leur projet.

Pour Rousseau, les humains seraient spontanément enclins à l'entente, n'était la société qui les pervertit. Aujourd'hui, nous sommes nombreux à nous émouvoir des dérives de notre monde et à en appeler à des modes de vie décroissants. Dans le sport, force est de constater qu'argent, tricherie et fanatisme sont exagérément répandus, à l'opposé de l'esprit originel de la pratique. Il s'agit dès lors de repenser notre manière de vivre en commun, sans pour autant s'interdire de faire société – puisque la chose est impossible.

Sur ce point, les choses sont encore plus claires chez Hobbes qui, au contraire de Rousseau et avant lui, postulait que les humains, à « l'état de nature », sont des individus isolés prêts à tout pour assurer leur seule fin : la survie. Le Britannique considérait cette fois la discorde comme l'état originel[1], l'état civil ayant précisément pour but d'assurer paix et sécurité entre les citoyens, qui se soumettent sciemment à un pouvoir fort et violent en échange de l'assurance de leur protection. Ainsi, même si l'individu demeure premier, – et plus encore : *parce que* l'individu est premier –, la vie en société est nécessaire, afin de trouver une forme de quiétude et d'échapper à la situation de guerre de tous contre tous induite par l'isolement initial de chacun.

Ici encore, les résonnances avec le cyclisme sont fortes. Imaginons une course où chacun serait libre d'agir à sa guise, sans considérations d'équipes. Qu'en résulterait-il ? Une succession d'attaques désordonnées et peu efficaces, un simple jeu de force au bout du compte assez répétitif, et sans doute des chutes plus nombreuses sous l'effet de l'engagement total de chacun. Surtout, la pression liée au risque de l'échec serait pour ainsi dire constante pour les coureurs, qui ne pourraient plus se reposer sur des coéquipiers pour se relâcher quelques instants. La vigilance – afin de ne pas tomber, ou de ne pas manquer le bon coup – devrait être permanente. La situation en somme serait intenable et imposerait automatiquement de se regrouper à quelques-uns pour maximiser ses chances de succès et réduire le danger.

Les frères Pélissier s'agaçaient de ce que les organisateurs du Tour, tout occupés à faire naître une nouvelle

1. Termes à manier encore avec précaution, dans la mesure où Hobbes pas plus que Rousseau n'accordait de réalité anthropologique à cet « état de nature ». Voir notamment Thomas Hobbes, *Léviathan*, 1651.

mythologie héroïque, n'aient pas plus de cœur, qu'ils ne prennent pas la mesure du défi physique surhumain que représentait l'épreuve. Ils se plaignaient qu'on leur interdise par exemple de porter deux maillots s'ils faisaient froid, ou au contraire de se déshabiller par temps de canicule. Ils expliquaient qu'ils marchaient à « la dynamite », qu'ils ne pouvaient tenir que grâce à des « pommades » et des « pilules ». Pour autant, ils ne remettaient pas en cause l'existence de la course, ou la nécessité d'arbitres. L'année suivante, ils revinrent d'ailleurs sur le Tour. Le cyclisme était leur gagne-pain. Ils savaient bien que sans une institution pour lui octroyer une valeur, leur pratique n'avait plus de sens.

Nous le voyons avec Hobbes et Rousseau, mais également grâce à ce que le sport nous enseigne : l'individu ne peut prospérer comme tel sans union sereine et sûre avec ses congénères ; la société est un donné auquel nous, humains, sommes intrinsèquement liés et dont nous ne pouvons raisonnablement nous défaire. La Nature, entité pure, vierge, oubliée, avec laquelle il faudrait de nouveau faire corps en une relation directe de soi au cosmos, n'existe tout simplement pas.

L'humanité a certes connu des tentatives extrêmes et radicales de désocialisation, tels ces ermites qui ont choisi de mener une vie solitaire pendant des années, parfois jusqu'à leur mort, dans une volonté de retour aux sources, de redécouverte d'une naturalité perdue. Mais pareille démarche est un leurre que l'on se fait à soi-même miroiter. Vouloir se détacher du monde, c'est déjà reconnaître qu'il y en a un. Se couper de la société, c'est paradoxalement encore l'intégrer – si bien que, *par nature*, nous sommes prisonniers du groupe, prisonniers de la culture.

Une île déserte est un lieu de déshumanisation ; une course cycliste sans peloton n'a plus lieu d'être : le rêve s'est brisé en même temps que le cadre. Plus de règles au jeu, même illogiques, mêmes arbitraires, et la partie s'arrête.

*

Nous sommes sur la dix-neuvième étape du Tour. La veille, j'ai terminé loin, parce que je suis épuisé, que c'est mon premier Tour et que mon corps n'a pas l'habitude de puiser dans ses réserves pendant aussi longtemps. J'étais exténué ; j'étais aussi frustré. Alors ce jour, dès le drapeau baissé, je jette des forces que je n'ai pas dans la bataille ; j'attaque, seul, sur le plat, bêtement. Oh, ce n'est pas que je rêve de solitude, ce n'est pas que le peloton m'exaspère. Je suis bien conscient qu'il est ma raison d'être de coureur. Seulement je n'en peux plus de subir ce rythme inconfortable, toujours à peine trop rapide pour moi. Je veux à mon tour imposer le tempo, être le marteau plutôt que le clou.

Le cycliste n'a qu'une envie : s'échapper du peloton ; mais s'il le fait trop tôt ou seul, le groupe le rattrapera bien vite. Combat perdu d'avance. L'*intérêt individuel* consiste dès lors à tirer profit de la vie en collectivité pour son bien propre, de se fondre dans la masse, en essayant d'en convertir la force à son avantage. Pour triompher du peloton, il faut l'intégrer, en comprendre les mouvements, et les dévier dans sa direction.

À vingt-trois ans, je n'avais malheureusement pas le recul nécessaire pour appliquer pareille sagesse. Je m'acharnais quelques longueurs devant le groupe principal, en vain, jusqu'à ce que le vent et un faux-plat descendant me ramènent à la raison – c'est-à-dire au sein du peloton. J'expérimentai ce que l'on appelle une « attaque boomerang », c'est-à-dire que je me fis rattraper aussi vite que je m'étais enfui. Dégringolant vite dans les dernières positions, je passai alors un sale quart d'heure, le temps de récupérer de mon effort insensé. Je ne pus voir que de loin la bonne échappée se former, idiot et impuissant. Bien évidemment, j'aurais dû patienter, pister quelques coureurs plus expérimentés, profiter de leur abri, attendre qu'un groupe d'envergure se détache et bondir pour le rejoindre au moment opportun.

L'histoire humaine montre que les révolutions ne sont jamais les affaires d'un seul homme, qui se dresse contre la société qui l'opprime. Les révoltes isolées sont inaudibles, dérisoires, ridicules. Les changements de paradigme sont des aventures collectives, auxquelles peut s'appliquer une lecture comptable : plus le mouvement contiendra de membres, ou paraîtra en contenir (les apparences sont ici tout aussi importantes que le nombre exact), plus il aura de chance de s'imposer. Plus l'échappée sera fournie, plus elle ira loin. Un coureur esseulé en revanche, même le meilleur, ne saura jamais rivaliser avec une équipe organisée, même si elle est composée de coureurs moyens. Si un « éventail » est lancé – action collective consistant à accélérer quand le vent se présente de côté –, que la manœuvre est bien orchestrée, et que les conditions météorologiques et topographiques s'y prêtent, alors même le cycliste le plus fort du peloton ne pourra faire autrement que de perdre du terrain, luttant seul contre le vent quand d'autres associeront leurs forces pour progresser. Peut-être développera-t-il le double de puissance brute par rapport à chacun des hommes du groupe de tête – mais ceux-ci se protégeront mutuellement, avançant sûrement vers l'arrivée, quand lui s'époumonera dans le vide.

Pourquoi les échappés ne parviennent-ils que très rarement à résister au retour du peloton et se disputer les lauriers du vainqueur ? Parce qu'ils ne sont que quelques-uns face à une meute. Pourquoi voit-on toujours les sprinters gagner les étapes de plat ? Parce qu'ils ont su profiter toute la journée des efforts des autres, de leurs coéquipiers et de leurs concurrents, restant eux-mêmes cachés au sein du peloton, avant de débouler dans les derniers hectomètres.

Le groupe gagne presque toujours, et plus conséquent il sera, plus importantes seront ses chances de succès. L'anthropologie nous dit d'ailleurs que les sociétés dominantes sont celles qui ont su grandir en nombre d'individus, et en organisation, passant du stade du regroupement exclusivement familial à celui de la bande, puis de la tribu, et enfin de la chefferie ou de l'État.

C'est donc à travers le collectif que l'individu saura se déployer. Comment ? C'est là tout le sel du cyclisme qui, en tant qu'art de profiter des forces extérieures, est exemplaire de ce qui se lit dans l'ensemble de la société.

*

Si l'homme veut disposer de plus de moyens, de richesses, ou tout simplement de poids dans le monde (formes d'accroissement de puissance qu'ont régulièrement chéri les humains au cours de l'Histoire), alors il doit rechercher l'union, la compagnie des autres, du plus grand nombre d'entre eux.

Comment se fait-il que l'humanité ne soit pas un enchevêtrement de microcellules dispersées ? Pourquoi n'en sommes-nous pas restés au stade de la famille ? Celui-ci assure somme toute l'élément essentiel de notre vie animale : la reproduction. Bien sûr, avant de se reproduire, il faut déjà sécuriser sa propre existence. Mais de petits groupes humains, dans un environnement adéquat, bien organisés et bien équipés en armes comme en vivres sauraient pourvoir à ce second besoin. Certaines espèces animales fonctionnent très bien ainsi. Qu'est-ce qui nous pousse à nous unir toujours davantage ? L'envie précisément de plus : ce que Nietzsche appelle volonté de puissance. Dans la grande majorité des cas, ce n'est qu'au travers du collectif que cette force individuelle pourra s'exprimer. D'où ce désir insatiable de se rassembler, de faire majorité, de s'intégrer au collectif, *pour soi.*

La masse attire, et attire d'autant plus qu'elle est importante. Dans cette course au groupe le plus grand et au mieux organisé, il arrive un moment où un effet de seuil est atteint : une communauté dispose d'une taille suffisante pour apparaître comme hégémonique. Alors chacun, hésitant jusqu'alors entre différents ensembles en confrontation, se trouve mécaniquement poussé vers le premier, renforçant sa puissance, dépeuplant ses concurrents. Comme au jeu de go, où il suffit qu'un certain nombre de pions d'une couleur soient étalés pour qu'automatiquement ceux de l'adversaire se retournent, les individus rejoignent d'un coup ceux qu'ils croient être les dominants – leur conférant *de facto* ce pouvoir.

La politique repose sur pareil phénomène. Plusieurs partis morcelés se disputent les suffrages, avant qu'un d'entre eux ne prenne les devants, même d'un rien, et que tous s'y rallient. De même, à plus petite échelle, voyez comment circulent les rumeurs : il suffit qu'un certain nombre de personnes les propagent, comme une épidémie, pour que tout d'un coup elles se trouvent répandues partout, que plus personne ne les ignore, voire que plus personne ne les questionne. Dans la vie d'un groupe, qu'il soit cycliste ou autre, l'expérience est fréquente. Que quelques coureurs se plaignent de la qualité de leur matériel, de la rigidité de leur cadre par exemple, et aussitôt tout l'effectif trouvera le vélo trop mou, trop lourd, etc.

Pourquoi les meilleurs coureurs du monde se rassemblent-ils au sein de deux ou trois équipes seulement, s'exposant à une forte concurrence interne, alors qu'ils pourraient être rois dans une formation *outsider*? L'importance de l'argent n'explique pas tout. C'est l'attrait de la puissance qui est décisif: on recherche la compagnie des meilleurs, des gagnants; la psychologie sous-jacente est que l'association avec d'autres talents renforce chacun, comme si les valeurs se multipliaient entre elles au sein d'un collectif.

Pourtant, dans les faits, le groupe leader reste toujours en soi minoritaire face à l'ensemble de ses concurrents. L'hégémonie n'est que de papier. Mais le papier construit la réalité. Très vite les croyances s'ancrent dans le réel; les apparences se transforment en vérités. La doctrine que tout d'abord on ignorait, puis que l'on traitait avec mépris, avant de la combattre, et de la rejoindre enfin par opportunisme, devient *in fine* notre seconde nature, un cadre que nous ne remettons même plus en question, à l'image du système démocratique que nous nous sommes littéralement incorporé.

Alors que l'on aurait pu penser que la concentration des meilleurs au sein d'une équipe serait source de division, on observe avec étonnement que l'alchimie prend: les succès s'accumulent, les adversaires se découragent, ils abandonnent l'idée même de lutter. En interne, on ne conçoit même plus qu'il soit possible de faire chemin à part.

Le groupe est puissant, et cette puissance est exponentielle. Elle s'autoalimente. Le monstre se développe peu à peu; tout à coup il est assez grand pour pouvoir se métamorphoser et s'étendre partout, sans que rien ni personne lui résiste.

Dans l'économie saturée du XXIe siècle, les entreprises cherchent à se démarquer, à trouver un créneau innovant, puis à s'implanter. À ce stade, rien ne les rend incontournables. Elles sont même fragiles et ne génèrent que rarement des bénéfices. Ce n'est pas le but. L'objectif de toute start-up n'est pas de gagner de l'argent ; il s'agit tout simplement de grandir, d'imposer sa nécessité. Il sera toujours temps plus tard de profiter de l'hégémonie, après que la croissance aura atteint un niveau tel que l'entreprise dispose d'assez de ressources sous sa dépendance pour apparaître comme indispensable à la société, et pour faire taire ses concurrents. Dès lors le pari est gagné : la renommée de la compagnie se répand, tous la rejoignent – particuliers désireux de ne pas passer à côté de ses bienfaits, entreprises plus petites qui de gré ou de force se placent sous la coupe de la plus grande. Plus rien n'empêche le déploiement du mastodonte, société géante capable dans son stade suprême de rivaliser avec les États, de dicter sa loi au monde. Face à une telle puissance, l'individu ne peut qu'accompagner le mouvement. La révolte est inenvisageable : il est impossible de faire entendre une voix discordante, quand tous les cors résonnent à l'unisson d'un bruit qui ne permet pas la contradiction. L'attraction du nombre est trop forte.

Pourtant, les groupes dominants, qu'ils soient des entreprises ou des équipes sportives, finissent par être destitués après un temps plus ou moins long. Comment l'expliquer, si les plus petits rejoignent systématiquement le plus fort, si le dominant se trouve structurellement renforcé dans sa domination, si l'homme révolté est inaudible ? La plupart du temps, les gens ne s'imaginent même pas qu'il soit possible de s'ériger contre le système en place, et se trouvent bien aisés de se nicher sous son pouvoir absolu, établissant leur petit monde en son creux, s'identifiant au tout. Toutefois, à quelques moments de l'Histoire, des individus hors du commun émergent, habités par un désir d'affirmation de soi particulier. Tous les hommes veulent la puissance, mais seulement quelques-uns en veulent une qui soit originale, propre à eux-mêmes. Ceux-ci s'élèvent du haut de leur ridicule individualité et se dressent face au groupe hégémonique, tel David devant Goliath. Le mastodonte pourrait les écraser sans effort aucun, mais il est tellement grand qu'il ne les distingue même pas. Les opposants profitent alors de leur relative invisibilité, s'adjoignent quelques compagnons, et créent peu à peu un groupe concurrent. Dans la grande majorité des cas, celui-ci est étouffé rapidement, dès que le dominant se sera aperçu qu'on le conteste. Mais il est des cas, ô miracle, où l'opposition parvient à atteindre une taille suffisante pour apparaître comme sérieuse, légitime, et forte – attirant aussitôt, comme par enchantement, tous les individus encore isolés ainsi que bon nombre de ceux du monstre qui, repu de sa toute-puissance transformée en pouvoir, c'est-à-dire endormi, n'aura pas vu que peu à peu il se désagrégeait.

La secte hérétique devient alors religion établie, marchant sur les plates-bandes de la foi orthodoxe. La start-up inconnue s'installe comme firme mondiale, incontournable, et fait tomber en désuétude celles qui l'auront précédé. Le petit clan humain se transforme en nation organisée, puis impose à son tour sa loi et son mode de pensée aux tenants de l'ancien monde. La modeste équipe cycliste enfin, portée par un leader mobilisateur, se structure, se renforce de coureurs prometteurs, réinvente son sport, et rivalise soudainement avec la formation qui régnait sur le peloton depuis des années, et qui s'était reposée sur ses lauriers de vainqueur trop facile.

*

La société est un ensemble de phénomènes macrocosmiques de décomposition et de recomposition, au milieu desquels l'individu navigue comme il peut afin d'accroître sa puissance. Les coureurs, les plus malins en tout cas, cherchent à profiter du peloton à leur avantage. Ils « filochent », se font oublier en son cœur puis « sacochent » pour aller glaner les lauriers.

Par ces comportements que l'on peut qualifier d'égoïstes, les cyclistes ne font pas qu'utiliser le peloton ; ils contribuent également à le construire, la plupart du temps à leur insu – de même que le citoyen, par ses choix de consommation, par sa manière d'interagir avec les autres, par ses projets de vie, participe à créer le monde qu'il habite.

Ainsi, la question du lien entre l'individu et le collectif est centrale. À titre personnel, en tant que leader de mon équipe, elle m'intéresse d'un point de vue que l'on pourrait qualifier de managérial : le meneur doit-il mettre en avant sa singularité et se montrer directif, ou bien doit-il s'effacer et laisser vivre librement le groupe ?

Sur le plan macro-économique, les données de l'équation s'exposent de façon similaire : faut-il laisser les individus agir librement, selon leurs intérêts propres, et tabler sur le fait qu'il en ressortira un bien pour tous ; ou l'État à l'inverse doit-il superviser et guider les agents du marché ? Cette alternative a nourri depuis toujours la science économique et les réflexions politiques, autour de l'opposition classique entre libéraux et partisans d'une forme de protectionnisme.

Les premiers considèrent que la poursuite de l'intérêt individuel aboutira nécessairement au bien collectif, avec cette idée que la consommation générera croissance, laquelle profitera à tous. Adam Smith est l'un des plus fameux représentants de ce courant de pensée. On lui doit la célèbre, bien que mal comprise[1], image de la « main invisible », suggérant que le marché s'autorégule, qu'il avance vers le progrès sans que rien ni quiconque intervienne, comme si un bras manipulait et dirigeait secrètement le système tout entier. Chacun cherche à maximiser son bien propre et ce faisant, par une sorte de ruse de l'économie de marché, il participe à son insu à la prospérité du groupe, plus encore que s'il avait sciemment voulu l'aider.

1. L'expression n'apparaît que trois fois dans l'œuvre de Smith, et notamment dans son livre le plus connu, *La Richesse des nations*, 1776.

Dans cette perspective, en tant qu'individu, il ne semble pas pertinent d'intégrer autrui au cadre réflexif guidant son action. Il suffit de se laisser porter par ses envies personnelles. Il en résultera un bien pour le groupe. Le désir individuel de richesse conduira chacun à travailler pour y parvenir ; de la sorte la richesse de la nation tout entière s'en trouvera accrue. Dès lors, l'individualisme assumé serait à considérer comme une forme insoupçonnée d'altruisme.

Transférons l'idée dans le domaine cycliste, où l'on postule que chaque coureur est porté par le puissant désir de s'imposer, de voir son talent reconnu, de briller sur les podiums. Que se passe-t-il si ces pulsions ne sont pas encadrées ? Le coursier donnera tout pour lui-même, sans penser aux autres ; et parfois cela le conduira à la victoire. Alors il fera aussi triompher son équipe, son pays, ses sponsors. Sa renommée rebondira sur ceux qui le soutiennent, sur les groupes dont il fait partie.

On pardonne tout au vainqueur. J'ai connu des coéquipiers qui traînaient toute la journée en queue de peloton, attendant de pouvoir tirer les marrons du feu dans le final, pendant que nous autres faisions le « sale boulot ». Ils ne respectaient pas les consignes prodiguées au briefing d'avant-course dans le bus, restaient sourds aux remontrances des directeurs sportifs dans leurs oreillettes. Ils avaient toujours une bonne excuse pour ne pas participer à l'effort collectif. De telles attitudes auraient dû naturellement conduire au non-renouvellement de leur contrat au bout d'une ou deux saisons. Au lieu de quoi ils étaient généralement revalorisés, et leur rôle « d'électrons libres » finissait par être entériné ! Eh oui : ils gagnaient deux ou trois courses par an, apportant à l'équipe ce dont elle avait le plus besoin. Tant que les succès étaient au bout, la manière dont ils étaient conquis importait peu. On ferme vite les yeux sur les moyens, pourvu qu'il y ait la fin.

Pourquoi réfréner les ambitions personnelles ? « Laissons-les s'exprimer, diront certains managers d'équipes, laissons faire, laissons chaque coureur poursuivre son propre intérêt. Cela créera une émulation. L'addition contiguë de talents individuels aboutira nécessairement au bien de la formation tout entière. » De fait, certaines grandes équipes ont pu fonctionner selon ce modèle ces dernières années. La formation Sky en particulier s'est souvent présentée au départ du Tour avec plusieurs leaders de renom, distingués par une hiérarchie ténue. Le pedigree de chacun était chose indifférente ; ce qui comptait, c'était le résultat à l'instant T. La sélection définitive pour l'épreuve s'établissait au dernier moment, en fonction des résultats sur les ultimes courses préparatoires. Les jours d'étapes de montagne, deux ou trois athlètes étaient protégés – au cas où l'un d'eux se montrerait défaillant.

Il y eut bien sûr des rivalités internes – des challengers qui voulaient faire leurs preuves, des coureurs installés qui s'accrochaient à leur statut. De l'intérieur, ce maintien sous pression permanent devait certainement être difficile à supporter pour certains. Dans l'ensemble, cependant, la stratégie fut couronnée de succès, puisque par trois fois l'équipe parvint à placer deux hommes sur le podium du classement général final.

D'un point de vue politique, l'idée est que le monde est en soi bien fait, et qu'il faut se garder de la tentation de s'immiscer dans cet habile engrenage. Cette doctrine de la non-intervention accorde une grande confiance à l'individu. Si elle reconnaît bien sûr l'existence d'un tout, la nécessité de faire groupe, elle estime qu'il n'est nul besoin d'une puissance supérieure et organisatrice qui couvre et couve ses membres. « Aide-toi et le ciel t'aidera »...

Dans le sport, sans doute ne faut-il pas être « trop gentil ». J'ai parfois péché par manque d'agressivité, parce que je pensais trop à appliquer les directives d'équipe et pas assez à la victoire. J'ai perdu des courses faute d'avoir su entendre l'appel impérieux de la ligne d'arrivée, coupable de m'être trop soucié du peloton comme tout. Dans un final houleux, quand « ça frotte » et que « ça joue des coudes », il m'arrive de préférer freiner et perdre quinze places plutôt que de risquer une chute. D'autres n'ont pas cette réserve. Ce sont souvent eux qui lèvent les bras. Comment leur en vouloir ? La plupart du temps, de fait, aucun accident n'est provoqué ; le peloton se porte très bien de lui-même sans que l'on songe à son organisation, et la course est spectaculaire.

Cela dit, le même résultat pourrait sans doute être atteint, et de manière moins violente, si le peloton au lieu d'être une meute grouillante et indomptée était régi par certaines règles que tous respecteraient par souci éthique ou par peur d'une instance supérieure (l'arbitrage vidéo par exemple). Les directions d'équipe, au lieu de laisser pratiquer la libre-concurrence au sein de leur formation, pourraient tout aussi bien choisir d'établir une hiérarchie initiale entre les coureurs afin de prévenir d'éventuelles querelles intestines. Elles accorderaient à chacun un rôle précis et seraient chargées de veiller à ce que celui-ci soit suivi. Les « électrons libres » n'auraient plus droit de cité car, s'ils gagnent des courses, c'est en profitant injustement du travail de leurs partenaires – contribuant de la sorte à instiller la discorde dans le groupe.

À l'opposé d'une doctrine « libérale » mettant en avant l'individu qui triomphe, un autre discours serait possible, insistant sur la notion de victoire collective, sur l'idée que l'équipe est plus importante que les personnalités qui la composent. Cette fois, c'est la formation historique belge Quick-Step qui peut être rapprochée de ce modèle de managérat, avec autant de succès que Sky bien que sur un autre créneau, celui des victoires d'étapes ou de classiques plutôt que les classements généraux. Tout au long de l'année, leurs « stars » n'hésitent pas à se mettre au service de coureurs aux noms moins huppés, simplement parce que ceux-ci – le jour J – sont en meilleure position pour l'emporter, ou moins marqués. Généralement, la stratégie chez Quick-Step consiste à jouer le surnombre : ils s'appuient sur un ou deux équipiers parfaitement dévoués chargés de propulser le reste du groupe à l'avant. En situation d'avantage numérique, les quatre ou cinq athlètes désignés pour disputer le final jouent alors sur du velours, attaquant chacun leur tour, usant leurs adversaires à petit feu, les obligeant peu à peu à capituler.

Pour assurer le succès de pareille approche, le rôle du chef, qu'il soit leader sur le terrain, directeur sportif ou patron d'équipe, est primordial : c'est lui qui devra insuffler cet état d'esprit de la réussite commune, lui qui devra valoriser le travailleur de l'ombre, l'équipier « que l'on ne voit pas mais qui est pourtant indispensable au collectif », tout autant que celui qui franchira la ligne en premier.

Cette stratégie managériale peut être qualifiée de « protectionniste », c'est-à-dire qu'elle prône l'intervention d'une entité supérieure, chargée de corriger les dérives et les maux que ne manquerait pas de provoquer le cours naturel des choses si chacun poursuivait aveuglément son intérêt propre. De la même manière qu'un État protectionniste s'octroie la responsabilité du bien commun en guidant les actions individuelles et en protégeant les plus faibles, un dirigeant protectionniste s'attache à s'impliquer dans la vie du groupe, et à faciliter le lien entre l'individu et sa structure.

*

L'idée n'est pas ici de prendre position sur ce que serait la « bonne méthode » de leadership. Dans le milieu cycliste, comme nous l'avons évoqué, chacune des stratégies s'est en certaines occasions révélée probante, en d'autres désastreuse. Laissez plusieurs champions s'écharper entre eux au sein de la même équipe, sans dessiner de hiérarchie claire – et vous risquez de voir un adversaire profiter de ces dissensions. C'est ce qui arriva à la sélection espagnole aux championnats du monde de Florence en 2013 : Rodriguez et Valverde, trop occupés à vouloir se débarrasser l'un de l'autre, ne prêtèrent pas attention au portugais Rui Costa qui s'en alla cueillir les liserés, au nez et à la barbe des deux Hispaniques. À l'inverse, ne vanter que le collectif et s'attacher à des schémas tactiques trop arrêtés peut aussi faire manquer des victoires. Le cyclisme demande une part de folie, d'improvisation, une capacité à réagir dans l'instant à une situation imprévue – choses rendues difficiles si la chaîne de commandement se trouve démesurément verticale. L'oreillette est parfois impuissante. Tout n'est pas prévisible à l'avance, ou réglable à distance.

Au niveau étatique, un gouvernement protectionniste, en s'interdisant de participer à un monde d'échanges globalisés, court le risque de voir la croissance économique de son pays bridée. Mais une politique libérale n'est pas non plus sans soulever quelques problèmes.

En premier lieu, qu'entendent les libéraux par « bien collectif » ? Est-ce le bien de la majorité ? Est-ce le bien de chacun ? Dans ce dernier cas la théorie selon laquelle les intérêts individuels concordent nécessairement avec ceux de l'ensemble des membres du tout semble difficile à tenir.

Les désirs particuliers ne peuvent la plupart du temps

s'exprimer que contre des désirs concurrents. Une course ne désigne qu'un seul lauréat. Inévitablement, le vainqueur construira des perdants, et donc des malheureux. Et encore, nul n'est assez fort pour être invincible, de sorte qu'il est impossible d'échapper à une forme de frustration, germe de toutes les dérives.

La société capitaliste s'apparente à cette course dont on ne peut sortir triomphant. L'homme soucieux de s'enrichir travaille pour parvenir à cette fin. Il souhaite obtenir la fonction la plus rémunératrice (ou bien celle avec le plus de responsabilités, si son but consiste en un enrichissement symbolique). Ces postes sont rares, disputés. Les atteindre, c'est empêcher d'autres d'y accéder. Seuls les plus préparés, les mieux nés ou les mieux formés, atteindront les strates les plus élevées de la société, celles où la plupart désirent se situer. Et encore, une fois installés, ils seront toujours dans la crainte d'être renversés. Quant aux autres, les perdants de l'économie de marché, ils seront condamnés à des tâches subalternes. Même si *en droit* ils pouvaient prétendre aux biens les plus précieux, dans les faits ils en sont exclus, empêchés. Dépourvus face à une quête impossible, celle du succès économique, certains pourront tomber dans des travers dont il serait choquant de considérer qu'ils participent d'un grand mécanisme d'autorégulation, géré par une « main invisible ».

En cyclisme, ce genre d'écueil est connu. Il s'appelle tricherie. Le dopage peut être vu comme une des conséquences de la poursuite infinie du bien individuel. Il est la solution apparemment facile pour s'intégrer au système de ceux que ce dernier a préalablement rejetés en disant, en quelque sorte : « tout est permis ». Structurellement, l'idée est bien sûr intenable : nous avons besoin des autres pour vivre et nous développer ; or, si chacun est totalement libre de mettre en œuvre les moyens qu'il souhaite pour atteindre la fin visée, si une confrontation sans règles s'installe, alors l'autre n'a plus de valeur à mes yeux – plus rien n'a de sens, pas même l'objet de nos désirs concurrents, pas même ma propre personne, perdue dans une rivalité sans limites.

Laisser faire, c'est abandonner le monde à lui-même, c'est se limiter à la lutte pour l'existence, à la sélection naturelle – en s'avouant incompétent pour accompagner et au besoin amender ce mouvement. Laisser faire, c'est se refuser à *faire société*, et accepter qu'il y ait des laissés-pour-compte. C'est, enfin, succomber à une tentation insulaire ôtant toute humanité à chacun.

Bien sûr, au même titre qu'il y a plusieurs degrés de protectionnisme, il y a plusieurs types de libéralisme. Peu défendent une inaction complète de l'État, voire son inexistence. Le problème, comme souvent, est celui du curseur : dans quelle proportion l'État doit-il se mettre en réserve, ou à l'inverse intervenir ? Une fois reconnue l'idée que le bien pour tous est une chimère de l'économie de marché, l'ambition souvent se reporte sur le bien général. Il faudrait parvenir à un progrès de la société en tant qu'ensemble, qui profiterait *in fine* aux plus faibles. Dans ce cadre, la recherche effrénée de l'intérêt individuel par quelques *happy few*, quelques « premiers de cordée », continue d'être admise et même encouragée, en tant que ce peloton de tête servira de locomotive aux passagers de la dernière classe. La doctrine s'entend : pour qu'un État puisse par exemple redistribuer, il faut qu'il soit riche, donc porté par une économie dynamique, par des grandes sociétés qui créeront des emplois, dont les bénéfices seront taxés, etc.

Pour qu'une équipe occupe le haut de l'affiche, il faut que quelques leaders la fassent briller. Alors une spirale positive s'enclenchera : les sponsors, heureux de cette visibilité, abonderont ; les équipiers ayant permis à leurs leaders de gagner seront valorisés, que ce soit d'un point de vue moral comme d'un point de vue pécunier ; l'équipe prospérera et pourra élargir son effectif, attirer d'autres grands talents, d'autres sponsors, et ainsi de suite en un cercle vertueux.

Le mécanisme semble efficace. Cependant, outre la question des inégalités qui inévitablement perdureront (même si les plus pauvres vivent mieux dans l'absolu, est-il acceptable que certains vivent moins bien que d'autres ? Est-il acceptable, en soi, qu'il y ait des « leaders » et des « équipiers » ?), se pose celle du terme vers lequel se dirige un tel système. L'appétit insatiable de richesse risque de conduire à une surabondance, et à une indigestion. Notre économie, nous le voyons bien, est sans cesse traversée de crises, comme si le système ne parvenait pas à tenir son propre rythme. Jusqu'à présent, nous parvenons toujours à nous en relever, et le mouvement vers le progrès général se poursuit tant bien que mal. Mais le risque est un jour de faire face à une crise dont nous ne nous remettrons pas.

Le danger est que l'équipe cycliste au faîte de son sport traverse un jour une passe difficile, que la surabondance de talents qui jusqu'alors permettait une émulation conduise à un trop-plein – dans une discipline où, rappelons-le, il ne peut jamais y avoir qu'un seul vainqueur –, et que certains n'y survivent pas, voire que le groupe tout entier se désagrège en plusieurs petites structures plus faibles, comme ces clans que l'on voit rapidement se former autour des leaders dans les plus grosses écuries. Les résultats ne suivront plus, ce qui conduira les sponsors, ayant investi beaucoup d'argent en échange d'une assurance de succès, à s'interroger sur le bien-fondé de leur implication. Certains se retireront, et la structure dominatrice, celle devant supporter la plus importante masse salariale, se retrouvera rapidement face à une situation financière compliquée pouvant très rapidement amener à sa disparition. Ainsi le colosse se révélera tenir sur des pieds d'argile, tandis que des plus petits groupes, aux charges moins lourdes et plus agiles face aux variations conjoncturelles, seront eux capables de s'adapter et de survivre.

Membres d'une société capitaliste mondialisée, nous nous trouvons sensiblement dans la position de cette équipe cycliste au paroxysme de sa gloire, et en même temps étonnamment fragile. Nous ne voyons pas que ce monde dont nous captons les richesses est aussi notre plus grande menace, que la catastrophe écologique se rapproche, et que nous précipitons sa venue. En utilisant la nature comme nous le faisons actuellement, nous l'usons. En voulant toujours plus, en poursuivant naïvement notre intérêt individuel, sans penser à mal certes, et même en imaginant que la collectivité dans son ensemble en profitera, nous courons vers l'effondrement de celle-ci.

Faut-il alors, comme certains le proposent, s'engager dans la voie de la décroissance, et renoncer à nos ambitions de profit et de progrès ? Faut-il réintroduire un peu d'horizontalité dans le fonctionnement du peloton, quitte à ce qu'il aille moins vite ? Dans une certaine mesure, sans doute. Notre société a trop privilégié la quantité et pas assez la qualité : le libéralisme, en se présentant comme doctrine ayant pour fin le bien collectif grâce à la poursuite des intérêts singuliers, en a paradoxalement oublié le bien individuel. Dans le système standardisé, optimisé, vertical, qui nous est aujourd'hui proposé, l'individu, s'il a vu *comptablement* ses conditions de vie s'améliorer, se trouve intérieurement perdu, affaibli, attristé. Toutes les conditions sont réunies pour parvenir au bonheur, et pourtant une mélancolie intérieure le ronge.

La dépression du vainqueur est un phénomène psychologique connu. L'athlète a tout gagné. Il a atteint tous les objectifs qu'il s'était fixés, réuni toutes les ceintures. Il est dans ses meilleures années, en pleine possession de ses moyens, au comble de son épanouissement physique, adulé de tous. Il ne lui reste plus qu'à jouir de cet état, à savourer. Et pourtant un mal-être le gagne, un sentiment de vacuité l'envahit. Il ne reste plus rien à aller décrocher ; Icare a accédé au soleil, et il s'ennuie. Le sportif tombe dans une détresse psychologique parce que tout va trop bien, parce qu'il se rend compte, aussi, que tout son cheminement vers les sommets avait été orchestré par un système qui lui est totalement étranger, et qu'il lui manque des compagnons à l'amitié sincère, et non des flagorneurs de circonstances.

Ces raisons expliquent que de jeunes talents cyclistes, promis à un avenir doré, décident du jour au lendemain de changer de vie, d'arrêter le cyclisme en compétition. Les cas sont nombreux ces dernières années. Déjà fatigués d'un milieu qui leur apporte trop d'un coup, qui leur présente une voie toute tracée, ils veulent redevenir maîtres de leur destin. De même, certains coureurs accomplis étant parvenus à la cime de leur sport, désarmés de n'avoir plus rien à conquérir, dégoûtés d'une vie trop facile et vaine, en viennent à s'automutiler en succombant aux appâts de la drogue ou de l'alcool – espérant ainsi ressentir de nouveau quelque chose.

Il faut de la sagesse pour savoir profiter avec sérénité d'un univers où tout nous est accessible. La catastrophe écologique se fait jour parce que l'humanité a atteint une certaine forme de trop-plein, et que les individus en tête de pont n'ont pas su écoper.

Pour éviter la noyade, il faudrait être capable d'accepter des formes de vie plus modestes. Mais comment faire machine arrière ? Il y a quelque chose d'indécent à chanter les louanges de la vie du paysan laotien quand soi-même on ne manque de rien. Si le progrès a lieu (et il est tout aussi indécent de défendre que nos conditions de vie ne se sont pas améliorées depuis les siècles précédents), c'est que nous le voulons bien. Si notre économie est engagée dans une perpétuelle course en avant, à laquelle chacun participe à son échelle, cela répond à des besoins. L'appel à un retour vers une nature nue, primitive, n'offre qu'une réponse illusoire à la difficile question de la conciliation entre fin du mois et fin du monde.

De manière analogue, je trouve que ces récentes exhortations à un sport « décroissant » relèvent du non-sens. Que voudrait-on ? Que cet aiguillon poussant les athlètes à vouloir *toujours plus*, à se dépasser et à dépasser les autres, n'agisse plus ? Ce serait aller contre l'idée même de sport. « Les records sont faits pour être battus » – voilà enfin une sentence athlético-philosophique à laquelle je souscris. Que l'on s'en désole ou non, il est impossible de faire marche arrière.

Le paradoxe est là : tous, mais chacun à notre manière, nous voulons être premiers sur la ligne d'arrivée (laquelle bien sûr n'existe pas : il y a toujours une nouvelle course, ou toujours ce sentiment que l'on pourrait gagner *mieux*) ; seulement nous devons y arriver en équipes, sans que le groupe nous happe, mais sans non plus détruire par notre esprit de démesure le jouet qui est la condition de possibilité de notre existence, et le lieu d'expression de notre puissance.

Un peloton vu comme un grand tout, informe, sans aucune tête qui dépasse, n'a rien de vivant. Il a détruit la singularité des individualités qui le composent. Celles-ci ne sont plus que des X interchangeables. Il n'y a plus de sport.

Mais si, à l'inverse, la compétition effrénée aboutit à ce que les individus s'hyperbolisent, et ne soient plus que des « je » isolés les uns des autres, alors il n'y a tout simplement plus de peloton, il n'y a plus rien. La puissance s'éteint sans la reconnaissance.

Tenir ensemble ambition particulière et réussite collective, telle est la gageure, contenue dans l'essence même du cyclisme, dont on dit qu'il est un « sport individuel pratiqué en équipes ». En cela cette discipline est révélatrice de la société en général, et des difficultés à laquelle elle est confrontée. Après tout, si l'on élargit la focale, vivre, n'est-ce pas une expérience solitaire pratiquée en commun ?

*

Le groupe est indispensable à l'individu. Pourtant, quand ce dernier brille, on oublie souvent que c'est grâce à d'autres. Le leader ne peut gagner sans ses coéquipiers, et n'existe même plus sans eux. Mais ceux-ci n'apparaissent pas dans les classements. Ils sont les derniers à renouveler leurs contrats, résignés à resigner pour les plus bas salaires, ceux qu'on leur propose, faute d'autre choix, de résultats personnels à faire valoir, ou de points dans les fameux *rankings* à monétiser. Et pour cause ! Toute l'année on leur demandait « de se mettre à plat ventre » pour leur leader. On leur disait de mettre leur ego sous le tapis, que la victoire était collective, peu importe qui franchissait la ligne en premier, peu importe qui se faisait lâcher à mi-course, épuisé d'avoir tout donné pour l'équipe. Au contraire, le directeur sportif répétait qu'il *voulait* qu'un coéquipier finisse par se faire décramponner, voire qu'il abandonne. C'était la preuve de son dévouement aveugle, de son abnégation parfaite.

Je suis toujours étonné de constater combien tous ces beaux gestes, tous ces dons de soi, sont vite oubliés une fois la ligne passée, dans l'excitation de la victoire. Tous, public comme dirigeants, n'en ont que pour celui dans la lumière, celui que l'on couronne. C'en est presque gênant. Une fois la saison terminée, que regarde le manager ? Il ne se souvient pas du bout droit tiré après quatre-vingts kilomètres de course au GP de l'Escarmouche. Il regarde les classements, bruts, froids. Et moi j'ai presque honte, depuis ma confortable position de leader, d'avoir un jour ôté à un partenaire la possibilité d'y apparaître en lui demandant d'aller me chercher des bidons, de ramener mes vêtements à la voiture pour m'alléger avant un final de course, ou encore d'aller rouler en tête de peloton pour revenir sur l'échappée.

Les équipiers sont les oubliés du cyclisme, ceux sur qui tout repose mais que l'on ne voit pour ainsi dire pas, ceux à qui l'on promet tant mais que l'on rétribue si mal.

Bien sûr la hiérarchie n'est pas totalement arbitraire.

Elle résulte en cyclisme des qualités physiologiques de chacun. Si je suis leader de mon équipe, c'est parce que j'ai en quelque sorte gagné cette position au travers de ce que j'ai pu montrer à l'entraînement ou lors de performances passées.

De la même manière, le niveau social de chacun dans le monde capitaliste ne serait pas contingent. Ceux qui dominent, ceux qui appartiennent aux classes les plus hautes, tiendraient leur rang d'une plus grande aptitude au labeur, ou de qualités morales ou intellectuelles particulières. Dans la société méritocratique, les postes découlent théoriquement des compétences. Et l'évolution demeure possible. C'est ce que l'on appelle « l'ascenseur social », le fait que la collectivité autorise le changement de statut, l'accès à une classe plus élevée que celle dont on est originaire – tout comme l'on promet au néo-professionnel, à qui il est demandé d'effectuer un travail de *gregario*, que son heure viendra, qu'il pourra bientôt titiller ses leaders.

Mais, en vérité, nos sociétés, qu'elles soient microscopiques comme une équipe cycliste ou macroscopiques comme un État, ont-elles envie que leurs champions puissent être destitués, que la hiérarchie soit sans cesse bousculée ? Il est tellement plus simple d'assurer le développement d'une organisation et son ancrage dans le temps par le *statu quo*, en maintenant les leaders en tant que leaders, les prolétaires en tant que prolétaires. Sans parler des considérations médiatiques : il est plus facile de faire la promotion d'une « star » déjà établie que d'en créer une…

Un peloton constitué d'équipes peu structurées, où chaque coureur pourrait prétendre à la victoire sans qu'il y ait de rôles prédéfinis, risquera de facilement se morceler, comme cela s'observe sur les courses amateurs ou sur certaines épreuves professionnelles de second rang : on voit plus de mouvements sur une manche de Coupe de France – où le niveau très hétérogène et l'absence de « stars » au départ autorisent la profusion d'attaques, scindant très vite le groupe principal en plusieurs mini-entités – que sur une étape du Tour, où les niveaux sont plus resserrés, les enjeux plus importants et donc les tentatives osées plus rares.

De manière analogue, un mouvement politique fondé uniquement sur l'horizontalité court le risque de voir son message brouillé sous la diversité des voix qui tentent de l'émettre, tandis qu'une entreprise faisant le pari de l'absence de chef pâtira souvent de la difficulté à opérer des choix stratégiques clairs.

C'est pour pallier ces écueils que nos sociétés construisent des classes hiérarchisées ; et c'est pour assurer la stabilité de celles-ci qu'elles sont généralement accompagnées d'une idéologie justifiant l'ordre instauré.

Quand bien même rien ne fonderait la hiérarchie, quand bien même le leader serait devenu moins fort que son équipier, ou que le salarié se révélerait plus apte que son N+1, il est préférable pour l'organisation de conserver aussi longtemps que possible la structure en place ; au risque, si jamais chacun devait continuellement changer de poste, de perdre en constance et en efficacité ce qui serait gagné en compétence brute. D'où le fait que les équipes cyclistes « assurent » souvent en favorisant leur champion vieillissant plutôt que le jeune coureur en pleine ascension, ou que les entreprises s'accrochent à un organigramme, même déficient, plutôt que de placer chacun à l'échelon le plus adéquat.

Tout cela n'est évidemment pas très juste et, dans mes jeunes années, je pouvais me révolter contre ce « confort de classes ». Mais le scandale n'est pas là. Il tient à ce que cet état de fait ne découle pas, contrairement à ce que l'on aurait tendance à penser, d'un complot fomenté entre une petite classe dirigeante, une élite d'entre-soi. Les « prolétaires » eux-mêmes, *en un sens*, participent et encouragent au maintien du système en place. La plupart des gens préfèrent l'assurance d'une situation stable, même sous-optimale, au risque du changement. Au moins, dans le cercle restreint auquel nous sommes habitués, nous sommes les maîtres, nous pouvons y affirmer sans crainte notre petite puissance, ce qui explique que les révoltes du peuple, des plus faibles, s'avèrent si rares, alors qu'elles sont les plus justifiées et seraient faciles à mettre en œuvre – le socle de la pyramide étant par définition la strate la plus fournie de la société hiérarchisée au sein de laquelle nous devons vivre.

Soyons honnêtes : nombreux parmi nous sont ceux qui rêvent d'accéder à des fonctions supérieures, veulent obtenir plus de responsabilités. Mais, dans le même temps, cette perspective fait peur, puisque par définition nous ne savons pas ce qui nous attend plus loin. Je me souviens de ma réaction à l'âge de sept ou huit ans quand on me proposa, en raison de mes bons résultats scolaires, de « sauter une classe ». Plutôt que de m'enthousiasmer à l'idée de découvrir de nouveaux horizons, je fondis en larmes. J'étais effrayé par l'inconnu. Parmi mon niveau d'âge, j'étais à peu près certain d'être le meilleur. Mais *plus haut* ?

Aujourd'hui, j'entends souvent des coureurs regretter qu'on ne leur fasse pas plus confiance. D'autres, secrètement, imaginent ce qu'ils auraient fait « *s'ils n'étaient pas bridés* »... Le jour venu, cependant, face à la possibilité concrète de s'exprimer à titre personnel, rares sont ceux qui profitent de l'occasion pour jouer leur carte. Il nous est à tous bien agréable de vivre dans les rêves, de s'insurger contre « la tyrannie des gouvernants », de se complaire dans l'espoir de lendemains qui chantent, sans jamais se donner les moyens de transformer cet espoir en actualité, sans jamais transformer cette révolte intérieure en révolution. Si les circonstances ne nous propulsent pas sur le devant de la scène, nous sommes nombreux à préférer les coulisses. Si l'on ne m'avait pas en une certaine façon obligé à intégrer l'échelon scolaire supérieur, puis plus tard à assumer des responsabilités de leader dans ma première équipe professionnelle, je crois bien que jamais de moi-même je n'aurais franchi le pas.

Notre société est fondée sur cette maxime intérieure : « je pourrais, si... » Elle est constituée de fantasmes que l'on s'interdit de réaliser. L'homme est né libre et partout il s'imagine des chaînes.

Ainsi, la première manière de faire tenir ensemble

individu et collectif, celle que nous connaissons, celle qui régit les groupements humains de tous types depuis des siècles, consiste en un double mensonge : celui du dirigeant qui promet valorisation du travail subordonné (et qui oublie aussitôt sa promesse), qui prétend que la hiérarchie n'existe pas (depuis son poste de dirigeant) ; mais également mensonge de « l'équipier » envers lui-même !

Faut-il le déplorer ? Après tout, cette hypocrisie qui traverse toutes les strates de notre société peut être vue comme une sorte de « beau mensonge », pour reprendre l'expression de Platon. Elle permet à la société de tenir, depuis longtemps, dans un cadre où chacun semble trouver son intérêt.

*

Ce mensonge a été opérant pendant des siècles, avec un certain succès. Malgré des différences et des mouvements conjoncturels, l'organisation de la société n'a pas fondamentalement bougé depuis l'époque des Anciens, et jusqu'au XIXe siècle. Le monde a évolué, les peuples se sont développés, les conditions de vie peu à peu se sont améliorées, les arts se sont enrichis, et les techniques ont progressé. Mais cette évolution, ascendante et régulière, n'a jamais valu changement de paradigme. Dans un cadre de relative ignorance dont chacun s'accommodait, où les rôles étaient établis et peu remis en cause, la vie suivait son cours, sûrement.

Toutefois, depuis la Révolution française, et le

XIXe siècle qui a suivi, période de tant de mutations, une chose a changé : l'accès à l'information. Pour reprendre les mots de Hegel, l'Esprit a *pris conscience* de sa liberté. L'individu désormais, au fond de lui, se sait de droit universel ; il ne peut plus dès lors accepter ces hiérarchies de classe qui lui semblaient naturelles.

Pendant les premiers siècles de notre ère, pendant tout le Moyen Âge, l'information circulait relativement peu. Seule une élite dirigeante ou lettrée avait accès aux livres et à une connaissance plus globale du monde.

L'invention de l'imprimerie au XVe siècle fut le point de départ d'un changement d'époque, en ce qu'elle permit peu à peu la diffusion des informations à une large échelle. Le journalisme naquit de l'imprimerie, et généralisa l'accès à un savoir jusqu'alors inconnu.

Le ciment de la société, ce qui faisait tenir ensemble individuel et collectif, était la croyance en une différence de valeurs entre les hommes. Cette croyance, qui était bien sûr une ignorance, tombe avec le développement de la presse au XVIIIe siècle. Les Lumières éclairent les membres du tiers état. Ceux-ci découvrent les inégalités qu'ils subissent et leur absolue absence de fondement.

Cela aboutit à la Révolution – puis à cette période de perte des illusions qu'est le XIXe siècle. Nous sommes entrés dans l'ère du soupçon, dont Marx, Freud et Nietzsche furent les annonciateurs. *On sait*, et on ne peut plus se le cacher. L'information omniprésente a tué notre ignorance volontaire.

Le primat naturel de l'individu s'est exposé au grand

jour. Le capitalisme fut son moyen d'expression, en affirmant avec force qu'« il faut être premier, sinon à quoi bon », comme le dit Michel Piccoli en patron d'entreprise impitoyable dans *Une étrange affaire*[1].

L'olympisme, dont la réémergence fut contemporaine de la révolution industrielle, est symptomatique de ce profond glissement sociétal. Par nature, le sport moderne commande de gagner, de triompher de l'autre. En ce sens, il peut apparaître comme fondamentalement capitaliste. Mais dans le même temps, il s'appuie sur une idéologie concurrente : il demande à ce que les compétiteurs soient sur un pied d'égalité au départ de l'épreuve, et souligne que « l'important est de participer[2] », que des valeurs telles que l'entraide, le partage, la coopération sont supérieures à celle de la victoire.

Ce double commandement – gagner, tout en aidant ceux que l'on doit battre ; être le premier, mais que tous soient égaux – se révèle bien sûr intenable, hypocrite. Il surplombe pourtant tous les athlètes aujourd'hui. La 138e session du Comité International Olympique, qui eut lieu en juillet 2021 à Tokyo, fut l'occasion d'entériner officiellement cette schyzophrénie idéologique. On

---

1. Film réalisé par Pierre Granier-Deferre, en 1981.
2. La citation exacte et complète, prononcée par Pierre de Coubertin aux Jeux de Stockholm en 1912, est : « Le plus important aux jeux Olympiques n'est pas de gagner mais de participer, car l'important dans la vie ce n'est point le triomphe mais le combat ; l'essentiel, ce n'est pas d'avoir vaincu mais de s'être bien battu. » Le baron l'a lui-même reprise, en une version modifiée, à l'évêque de Pennsylvanie, Mgr Thalbot, qui en avait fait le cœur d'un de ses sermons en 1908 à Londres.

dut juger que la devise olympique – « plus vite, plus haut, plus fort » – n'était pas assez dans l'air du temps. Aussi décida-t-on de lui adjoindre (après un tiret) l'adverbe très politiquement correct « Ensemble », comme pour acter la dissolution de l'exploit individuel dans le collectif.

En tant que membre d'une équipe cycliste, et leader de celle-ci, comment dois-je me comporter pour à la fois atteindre les objectifs qui me sont fixés, c'est-à-dire gagner, sans pour autant « écraser » les autres, qu'ils soient partenaires ou adversaires ? Ce dilemme, c'est celui auquel fait face tout salarié d'une entreprise capitaliste, quel que soit son niveau dans la hiérarchie. C'est encore celui du citoyen démocratique, qui doit penser collectivement en même temps que pour lui-même. Plongé dans un océan de contradictions dont il ne sait comment s'échapper, l'individu se noie, faute de pouvoir se rattacher à de beaux mensonges, à des subterfuges.

Avant, quand l'homme était ignorant, l'information parcellaire, les choses étaient plus simples : pour lever pareilles contradictions, il suffisait de s'en remettre à ses supérieurs, de confier sa destinée aux mains de « ceux qui savent », de suivre leurs commandements. Quand les humains faisaient face à une incohérence, ils mettaient ça sur le compte de leur manque de savoir, qui était admis et intégré.

Aujourd'hui, au travers du capitalisme et de ses injonctions contraires, dans notre univers hyperconnecté où on ne se parle plus, dans cette société du profit et de la bien-pensance, l'absurdité du monde et notre impuissance face à elle se révèlent dans toute leur brutalité. Nous n'avons jamais eu accès à autant d'informations, et paradoxalement nous n'avons jamais eu autant le sentiment de ne plus savoir où est le vrai, qui croire.

En course, le directeur sportif a accès à un livre de route, à des données informatiques sur les profils des montées ou encore à des renseignements sur l'état physiologique de ses coureurs ; pourtant : a-t-il un accès plus privilégié que moi, simple athlète, à la « vérité du peloton » ? J'en doute. Pourtant, moi-même, je ne sais rien des lois qui gouvernent cette entité supra-individuelle. J'ai déjà évoqué les désillusions sportives que j'ai pu vivre après avoir trop parié sur un comportement « rationnel » du peloton. Ma faute fut de vouloir comprendre un monstre qui s'avère incompréhensible.

Cette incapacité à situer « le vrai », je l'ai plusieurs fois expérimentée au cours de ma carrière lors de périodes de doute, notamment quand j'ai dû faire face à des douleurs récurrentes auxquelles je ne parvenais pas à trouver de solution. Souffrant de problèmes aux genoux, je me retrouvais confronté à une masse d'avis divergents, venus d'autorités toutes aussi sûres de leur opinion. À qui faire confiance ? L'un me conseille de monter la selle, l'autre de la baisser. L'un d'apaiser la douleur en appliquant de la glace, l'autre de vasculariser par la chaleur. Et combien, dans le même temps, après m'avoir observé, ausculté, manipulé, m'assurent que je m'en verrais instantanément guéri ? J'étais forcément déboussolé face à cette profusion d'informations.

Les dirigeants, les « spécialistes », s'efforcent toujours de se montrer supérieurs, experts, sachants, aussi omniscients que Dieu. En France, d'un point de vue politique, la figure du président de la République, telle que le général de Gaulle l'a construite, tâche de remplir ce rôle ; chacune des personnes qui ont accédé à ce poste a tout mis en œuvre pour *incarner* la fonction, à l'image d'Emmanuel Macron s'attachant à camper une surplombante « figure jupitérienne ». Mais la magie n'opère plus. On découvre de plus en plus facilement que nos dirigeants ou ceux qui les entourent ne sont rien de plus que des humains, aussi ignorants que nous – et nous nous enfonçons dans le nihilisme.

François Hollande, en se déclarant « Président normal », avait essayé de prendre la mesure de cette défiance généralisée. Cela lui fut beaucoup reproché, comme si les Français refusaient encore, malgré tout, de voir la réalité, l'humanité du chef, c'est-à-dire sa faillibilité et l'incomplétude de son savoir. Avec la crise de la Covid-19, il est devenu impossible de continuer à se cacher. La prise de conscience s'est accélérée. En écoutant tous ces experts et politiques contraints de répondre « je ne sais pas » aux questions qui leur étaient posées, en découvrant toutes ces études scientifiques aboutissant à des résultats se contredisant, nous nous sommes heurtés à ce qu'Habermas décrit comme le « savoir explicite de notre non-savoir[1] ».

1. Cf. *Le Monde*, édition du 10 avril 2020.

Les repères sont brouillés. Le personnage de Donald Trump a entériné cet état de fait. Par son caractère impulsif, grossier, par son discours sur la post-vérité et les *fake news*, il symbolisait la démission de la figure du chef, et confirmait la perte de sens propre à notre société. D'où les complotismes – grotesques tentatives de rétablir une logique dans un monde où l'excès d'informations a conclu à leur perte d'influence. Où est le vrai ? Qui détient l'objectivité ? Les médias traditionnels ne sont plus une ressource. Grâce aux réseaux sociaux, chacun peut être journaliste. L'individu, toujours à un clic de son quart d'heure warholien, enfle de plus en plus dangereusement et croit toucher, par la grâce du réseau numérique, de l'interconnectivité globalisée, à la grandeur de l'universel – avant que d'autres en un clic concurrent ne viennent briser cette douce espérance, renvoyant chacun à son triste isolement, et le monde à son absurdité. La société numérique aurait pu être le lieu de rencontre entre l'individu et le collectif, au lieu de quoi elle est l'exacerbation de la perte de sens généralisée.

*

Le sport est à l'image de la société. En sa forme moderne, il amplifie les caractéristiques du monde que nous connaissons, monde capitaliste, monde du réseau, dont il permet de montrer les défauts. Il place l'individu au centre, mais ne lui reconnaît aucune chair. La star athlétique est une image, un spectacle. Elle est noyée sous toutes les informations qui l'entourent : toutes les *data* et statistiques qui objectivent sa pratique, et ne veulent finalement plus rien dire ; toutes les rumeurs qui accompagnent son parcours (transferts, blessures, vie people, etc.), et ne sont le plus souvent que du vent. On a perdu de vue l'être humain singulier derrière la star fétichisée.

À ce titre, en tant que sportif, il est assez perturbant de constater l'écart entre la personne que l'on croit être et l'image que l'on renvoie. L'effet médiatique d'un Tour de France, du « vu à la télé », me surprend toujours. Je peux rouler anonymement en juin, avoir des échanges simples et directs avec les gens que je croise ; tandis que passé juillet souvent on me klaxonne durant mes entraînements pour me saluer, et l'on m'aborde comme si j'étais une sorte de créature spéciale. Ai-je changé ? J'ai fait trois mille cinq cents kilomètres à vélo dans l'intervalle ; voilà qui est bien trivial. Parfois, j'ai aussi l'impression que l'ensemble des données utilisées par mon staff pour analyser ma performance et tenter de l'améliorer conduisent en quelque sorte à me déshumaniser, à me traiter comme un objet doté de « paramètres » qu'il faudra savoir faire évoluer, comme une voiture de course que l'on cherche à optimiser. Là encore, il y a un gouffre entre cette approche logisticienne et la manière dont personnellement je me perçois.

Je ne suis pas le seul à faire l'expérience de l'écart séparant le « je » privé de son double public. Chacun d'entre nous peut constater que son être mondain est très différent de celui que l'on est en son for intérieur. Seulement, il me semble que le sport accentue cet état de fait, cette tendance qu'a le collectif à vouloir s'approprier, phagocyter, les individus. En starifiant les athlètes, il les marchandise, donc les réifie.

Sous couvert d'un discours vantant l'être d'exception se développe donc un système qui est négation du particulier, à tout niveau. Car les membres du public n'échappent pas à l'emprise du sport comme société du spectacle, et à son pouvoir de désindividualisation. Le spectateur idolâtre qui cherche à tout prix à s'identifier à ses modèles court le risque de s'oublier lui-même. Supporter un club ou un héros athlétique a souvent pour but de *transcender* sa personne, ce qui, tant que le phénomène est conscient et recherché, n'a rien de dérangeant ; s'il est subi, en revanche, si l'amour d'une équipe ou d'un champion tend au fanatisme, si l'on ne vit plus que par procuration, alors la mécanique à l'œuvre pose question…

Le sport moderne voue un culte à l'individu tout en célébrant le collectif. Mais cette union des contraires se révèle inauthentique, dans la mesure où conceptuellement les deux points sont pensés séparément, en un affichage idéologique bancal, alors qu'il faudrait d'un côté souligner la primauté de l'être particulier, tout en reconnaissant la nécessité pour lui d'entrer dans un système de coopération.

*

Nous pourrions croire que le régime démocratique, en tant qu'il donne voix à chacun dans l'action collective, permet de résoudre le problème de l'union du singulier et de l'universel : par le vote, moi, en tant qu'individu libre, je préside à la destinée du groupe, de la nation tout entière. L'idée est belle, mais fragile.

Il est évident que mon bulletin seul ne peut suffire à infléchir un mouvement supra-individuel. Le citoyen dans son isoloir, un parmi des millions d'autres, pense-t-il sincèrement que ce papier unique qu'il dispose dans une enveloppe équivaut à diriger un pays ? S'il décidait finalement de rebrousser chemin, de ne pas voter, son avis manquant changerait-il le résultat global du scrutin ? La chose est mathématique : la force d'une simple voix au milieu d'un nombre disproportionné d'autres radicalement étrangères est tellement nulle qu'elle en devient inaudible. Face à l'emprise numéraire du collectif, l'individu est chose négligeable – de la même manière que le coureur isolé souhaitant relancer la course contre un peloton décidé à temporiser se découvre ridiculement impuissant, incapable d'enclencher par sa seule action le moindre mouvement de course significatif. Au mieux on le laissera partir, le regardant d'un œil amusé s'engager dans une quête impossible, « en chasse-patate » entre le groupe principal et une échappée qui, déjà trop éloignée et mue par des forces multiples, ne pourra être rattrapée. Au pire ? On le pourchassera, on lui barrera la route, on l'intimidera – pour lui passer l'envie de s'opposer à la volonté générale.

En réponse, des arguments s'élèvent : il faut bien un premier attaquant, que d'autres ensuite puissent accompagner ! Une voix seule n'est rien, mais un bulletin plus un autre plus un autre... En outre, si chacun se rangeait derrière la logique mathématique probabiliste, si chaque votant découvrait l'inutilité de son action, alors le système s'écroulerait, et des changements majeurs, dangereux, s'opéreraient. C'est pourquoi il convient de défendre à tout prix « le moins mauvais des régimes », quitte pour cela à porter un discours du collectif que l'on sait mensonger mais dont l'efficace justifie tous les subterfuges.

Le problème de ces remarques est qu'elles se placent d'emblée du point de vue du collectif, alors que l'individu est premier. « Si tout le monde faisait pareil, si chaque électeur se désintéressait du scrutin, le système s'écroulerait » : voilà l'impératif catégorique kantien appliqué à la société démocratique. De fait, l'argument est d'un point de vue logique imparable. Mais *humainement* ? Si je devais raisonner ainsi, c'est-à-dire en considérant que chacune de mes actions se verra automatiquement universalisée, alors il serait déprimant d'imaginer prendre part à une course cycliste. Il n'y aurait plus de place pour se démarquer, ce qui est pourtant l'essence du sport, et le sel de la vie. Il n'y aurait plus de coups tactiques, plus d'attaques folles, de celles dont on se dit qu'elles sont déraisonnables mais qui produisent parfois les plus beaux retournements de situation. On ne pourrait plus envisager *l'exploit*. Le FC Barcelone n'aurait pu effectuer cette fameuse *remontada* en huitièmes de finale retour de la Ligue des Champions 2017, puisque les statistiques donnaient au Paris Saint-Germain cent pour cent de chances de qualifications après leur victoire 4-0 lors du match aller. Tadej Pogačar n'aurait pu renverser le Tour 2020 en dominant, contre toute attente, le dernier contre-la-montre. Enfin, si l'on devait respecter à la lettre la consigne répétée par les directeurs sportifs de *toutes* les équipes à l'oreillette de *tous* les coureurs – « il faut *absolument* être placé dans les dix premiers au pied de cette montée étroite au kilomètre cent vingt-cinq » –, alors il y aurait des accidents, plus graves que ceux qui s'observent déjà.

Plutôt qu'une logique statistique classique, il faudrait plutôt accepter le contre-intuitif, à l'image de ce que parviennent à penser la théorie de la relativité générale ou la physique quantique qui, renversant nos certitudes ancrées, intègrent les singularités à leur cadre théorique. Tex Avery plutôt que Disney : le non-conventionnel voire l'absurde plutôt que la norme et l'ordre !

Dans un système démocratique, alors même que l'on prétend placer l'humain libre et rationnel au cœur du processus, on l'oublie comme être particulier, on le fond dans le collectif, le parti, le mouvement commun. On part du résultat que l'on veut atteindre, un système où chacun a la parole, et on façonne ensuite chaque membre du groupe en fonction de cet objectif, sans hésiter à manipuler pour cela les aspirations profondes des individus. Le système doit pourtant être la finalité, non le point de départ. Il doit se construire à partir des individus, et non pas eux à partir de lui.

*

Aujourd'hui, la faiblesse structurelle de la démocratie se révèle sous son véritable jour. Parce que l'information est sur-répandue, il est devenu impossible de croire que *je suis le peuple*, que ma voix a une dimension universelle. Nos régimes démocratiques actuels sont les témoins d'une société du mensonge dont on s'est défiés. Nous voyons bien tous les écueils auxquels ils sont confrontés. Trump, Bolsonaro, le Brexit, etc. – autant d'événements électifs dont on se désole, et qui sont néanmoins advenus. Ils montrent les limites de l'intelligence collective, ce dont un coureur au sein du peloton fait l'expérience au quotidien : combien vois-je autour de moi de papiers jetés sans honte dans la nature, parce que le fait de se trouver en course au milieu d'une masse en mouvement déresponsabilise ? Combien de comportements dangereux pour gagner quelques positions dans une descente ou à l'approche d'un sprint, parce que l'adrénaline engendrée par l'essaim du peloton fait oublier toutes les règles de sécurité ? La civilité s'effondre face aux dynamiques de groupe et aux pulsions qui les animent.

Notre démocratie est viciée parce que les groupes humains sont désormais si grands qu'ils ne laissent plus place à l'individualité, alors même que, paradoxalement et en un mouvement inverse, chacun se croit supérieur, tellement particulier qu'il en oublie de faire corps avec le collectif. La surabondance d'informations a inondé les peuples de telle sorte qu'ils ne savent plus où se situer comme entités collectives ; les nations ne sont plus qu'un agrégat d'individus isolés qui ont paradoxalement perdu toute individualité.

Les fragilités du sport moderne sont les marqueurs des maux de la société démocratique en général. La surinformation et le désir de contrôle se sont emparés de ce champ d'expression du corps. Il n'y a plus de premier attaquant dans les compétitions cyclistes, plus aucun coureur n'est bercé de l'illusion que seul il pourra renverser la course ; on ne croit plus à l'effet de surprise, à la possibilité de la singularité. Tout devient prévisible, morne, répétitif.

En 2018, je participais à mon deuxième Tour. Lors de la première semaine, le parcours nous faisait traverser le nord de la France d'ouest en est, depuis la Vendée jusqu'aux pavés du Nord, en passant par la Bretagne. Bref, peu de reliefs, beaucoup d'arrivées au sprint... et que d'ennui ! Sur certaines étapes, on ne vit aucune échappée se développer, pas même une petite offensive symbolique pour aller chercher le prix de la Combativité, maigre récompense promise aux baroudeurs de l'impossible. Nous avancions en bavardant, à un train de sénateur. Si l'un d'entre nous faisait mine d'attaquer, nous rigolions – il n'en avait bien sûr pas le droit : chaque équipe disposait d'un leader pour le général et d'un sprinter pour viser les étapes, il convenait de les protéger sans s'éparpiller.

Comme en rallye automobile, nous n'effectuions rien de plus qu'une « liaison » entre deux « spéciales », attendant sagement que vienne l'heure de l'emballage final puis, quelques jours plus tard, celle de la montagne.

Les enjeux sont désormais tels que l'on ne veut plus rien laisser au hasard ; d'où l'intrusion grandissante de la science dans le domaine athlétique, qui participe peu à peu à tuer la part de folie associée aux temps premiers de l'olympisme moderne. Cette obsession de l'anticipation, ce refus de l'impréparation peuvent conduire aux dérives actuelles que connaît le sport, univers aseptisé, hyper-professionnalisé, gouverné par l'argent, altéré par la corruption et le dopage. Le spectacle est triste, les acteurs malheureux ; mais qui s'en préoccupe ? Ce que l'on souhaite avant tout, c'est *assurer* le résultat. Ainsi explique-t-on l'omerta ayant pu entourer la question du dopage dans le cyclisme des années 1990 et 2000 : il fallait faire tenir la société du peloton à tout prix – même sur des bases viciées –, plutôt que de risquer son éclatement, et de libérer ainsi des singularités incontrôlables…

Aujourd'hui, fort heureusement, la situation a changé. La tricherie n'est plus la norme. Toutefois, le désir de maîtrise perdure. *Big Brother* ne vous demande plus de vous taire, il ne se contente plus de vous regarder ; désormais il vous parle et vous commande en temps réel. « Maintenez l'échappée à trois minutes » ; « attention au vent de côté » ; « attaque ! »… Les consignes abondent à l'oreillette. Même s'il ne faut pas surestimer l'importance de cet outil, il peut laisser penser que nous coureurs sommes comme téléguidés. Capteurs de puissance, études aérodynamiques, applications de suivi alimentaire... tout est encadré, millimétré.

Au quotidien, je dors cyclisme, je mange cyclisme. Chaque jour de l'année, je dois renseigner mon adresse sur ADAMS, cette fameuse plateforme de localisation chargée de collecter mes informations en vue d'éventuels contrôles anti-dopage. Chaque matin, je sais que l'on pourra me réveiller pour un test inopiné. Pas de place à l'imprévu: le cas échéant, il faudra que je me trouve à l'endroit préalablement indiqué.

J'ai bien sûr souscrit à toutes ces contraintes. Je suis conscient qu'elles sont la contrepartie nécessaire pour que je pratique ma discipline librement, honnêtement, et à un haut niveau. J'aime cette recherche continuelle de la performance, cette course au moindre détail pour s'améliorer. Elle me stimule. Et en même temps, elle m'angoisse. Encerclés de toutes parts par des instruments destinés à optimiser notre activité en la traduisant en chiffres, nous perdons l'essentiel: le plaisir, l'instinct.

Face à la logique du contrôle, tout le défi consiste à retrouver un peu de cette magie originelle du sport. Trop souvent dépossédé de lui-même par les technologies ou par des enjeux qui le dépassent, l'athlète doit réapprendre à jouer, comme l'enfant qu'il était à ses premières heures sur un vélo à roulettes, ou derrière un ballon. De même, le citoyen devra se réapproprier la société qu'il habite – et non plus la subir; construire sa place auprès des autres plutôt que se la voir assignée.

Le final – Jouer pour soi, jouer avec les autres

> « Ce qui est commun au plus grand nombre fait l'objet des soins les moins attentifs. L'homme prend le plus grand soin de ce qui lui est propre, il a tendance à négliger ce qui lui est commun. »
>
> ARISTOTE[1]

Le problème fondamental est que le bien de chacun n'est pas le bien collectif, et qu'ils sont même souvent concurrents. La société démocratique saturée d'informations a instillé chez le sujet l'idée de sa toute-puissance. Il se croit si fort qu'il ne veut transiger sur aucun de ses droits – ce qui le rend *in fine* incapable de se lier à un véritable commun.

Il en est de même des coureurs au sein du peloton. Regardez l'attitude de la meute à l'approche d'un rétrécissement. Une analyse objective de la situation commanderait de passer le point délicat calmement, les uns après les autres, ce qui éviterait tout risque de chute et serait sans conséquence sur la suite de la course. Au lieu de quoi chacun bataille avec acharnement pour aborder la zone sensible dans les premières positions, provoquant ainsi l'accident qu'il s'agissait d'éviter.

1. *La Politique*, Livre 2, chapitre 3.

Le début du Tour 2021, où de nombreux carambolages se produisirent sur les premières étapes, fut spectaculaire sur ce point. On mit en cause les organisateurs, coupables d'avoir choisi des routes trop étroites. On accusa le matériel moderne, les freins si réactifs qu'ils ne laissent plus le droit à l'erreur. On suggéra aussi que les cyclistes actuels sont moins habiles que les générations précédentes.

Je crois surtout que la faute en incombe à l'humain. Nous sommes tous pareils : dans une position neutre, de surplomb, quand nous analysons une situation sans pouvoir agir sur elle, nous pensons objectivement, nous calculons ce qui serait le mieux pour le plus grand nombre de personnes. Mais cette approche que l'on peut appeler conséquentialiste, quand bien même elle produirait les résultats les meilleurs, se montre bien vite défaillante face à la pratique, quand nous réintégrons le monde et nous trouvons confrontés à un cas limite où brille au loin la possibilité de nous en sortir individuellement.

Personne ne veut tomber. Dans le bus avant le départ, chacun redoute les moments de tension qui ne manqueront pas d'advenir une fois le drapeau baissé. Pendant la course, on discute entre adversaires et l'on critique *les autres*, ceux qui prennent des risques, qui veulent toujours rester à l'avant, ceux qui provoquent les chutes. Puis vient un point un peu technique du parcours et, sans presque nous en rendre compte, habités par les enjeux de l'épreuve, nous bataillons pour conserver une bonne position dans le peloton, nous « frottons » celui avec qui quelques instants auparavant nous discutions amicalement. Nous sommes devenus cet autre au tempérament agressif, participant à créer l'état de tension que l'on abhorre.

Après m'être énervé contre un concurrent m'ayant débordé par l'intérieur dans un virage, j'en fais autant au tournant suivant. De même, après nous être agacés contre ces personnes âgées qui semblaient prendre une éternité pour payer au supermarché, nous nous plaisons à notre tour à discuter tranquillement avec l'agent en caisse. Il n'y a pas de raison que nous aussi nous ne prenions pas notre temps. En voiture encore, dans un embouteillage, nous slalomons d'une voie à l'autre alors même que nous savons combien cela est contre-productif. Ce faisant, poussés par l'irrépressible désir de nous extraire du bouchon au plus vite, nous contribuons à l'enfoncer...

Chaque coureur sait qu'individuellement il ne peut rien face à un groupe organisé. L'association en équipes est une nécessité, et notre quotidien de cyclistes. Il suffit d'observer un peloton depuis une vue aérienne dans une phase de course classique pour s'en rendre compte. Les formations se regroupent par couleurs, prêtes à agir collectivement quand cela s'avérera nécessaire, quand il faudra placer le sprinter à l'approche d'une arrivée massive, ou tirer le leader en montagne. L'ordre est respecté jusqu'à ce que l'on sorte des schémas traditionnels. Dès qu'une situation un tant soit peu inhabituelle se présente, les beaux schémas collectifs se délitent. Dans une phase de course panique, je suis le premier à tenter de renverser la situation au plus vite à moi tout seul, alors que je sais pourtant bien qu'il faudrait temporiser, me regrouper avec mes coéquipiers, perdre un peu de temps au début certes, mais pour mieux par la suite juguler l'hémorragie ensemble.

Déjà dans les rangs juniors, à dix-sept ans, je me rappelle que la folie de la compétition pouvait me faire perdre tous mes moyens. J'avais remporté la première étape de la Course de la Paix, une course internationale en République tchèque que je disputais sous le maillot de l'équipe de France. Le jour suivant, je m'élançais donc avec le maillot jaune de leader du classement général, une situation inédite pour moi. Dans une descente technique en milieu d'étape, alors que des adversaires prenaient tous les risques pour me distancer, je partis à la faute et chutai en essayant de les suivre. J'étais trop nerveux. J'aurais dû considérer la situation objectivement, ne pas m'affoler, prendre mes courbes à mon rythme, proprement, et me dire que si j'avais quelques longueurs de retard en bas du col, il n'y aurait rien d'alarmant car mes coéquipiers seraient là pour tout ramener dans l'ordre. Ah si seulement nous étions des êtres de raison…

Le comble, c'est qu'au moment où je me lance dans une action individuelle risquée, quand je flirte avec la chute en descente ou que j'attaque seul pour essayer de boucher une minute sur un groupe de dix hommes, je suis conscient que je fais une erreur, que je n'agis pas logiquement – comme si, découvrant un précipice devant moi, je décidais sciemment d'y plonger. J'ai pourtant la réputation d'être quelqu'un de posé, d'être « philosophe ».

Rien n'y fait. Poussé par une force supérieure, je me jette dans une bataille insensée. L'adrénaline me fait perdre tout mon sang-froid. Je ne suis plus capable d'agir en conformité avec ce que mon jugement me dicte être le meilleur moyen d'atteindre un résultat.

L'expérience est transposable dans la vie civile. Nous avons beau avoir de grandes idées sur le rôle et le fonctionnement de nos institutions, quand celles-ci affichent des failles la tentation est forte de s'y glisser. En cas de vacance du pouvoir ou en temps de guerre, plutôt que de se montrer solidaires et de faire confiance à l'intelligence collective, chacun manœuvre pour s'en sortir de son côté. D'où les trafics souterrains, les marchés noirs, les vols, etc., qui se développent aux moments mêmes où il faudrait au contraire faire bloc.

Par la faiblesse de la raison et par notre incapacité à nous lier à un véritable commun s'explique également notre mortifère absence de réaction face à l'urgence climatique. Nous en sommes pourtant *conscients* : il faudrait s'entendre, coopérer, faire quelque chose pour assurer notre survie et notre bien-être, non seulement en tant que groupe, mais également en tant qu'individus ; car le monde qui nous attend, si nous continuons sur la trajectoire actuelle, sera celui d'une dégradation majeure de nos conditions de vie. Pour autant nous persévérons, en connaissance de cause, sur le chemin de son autoextinction.

Combien d'entre nous s'agacent de notre impuissance à agir pour infléchir la courbe des températures – et le cours de l'Histoire avec elle –, tout en restant attachés à leur confort quotidien ? Combien marchent pour le climat, et roulent en SUV ? Entre le savoir et les actes, le conflit est plus que jamais ouvert. L'être humain est plein d'incohérences : nous connaissons les comportements appropriés, mais nous nous les cachons pour satisfaire des plaisirs personnels immédiats. Ceux-ci seront pourtant délétères à long terme ; seulement, nous ne nous préoccupons pas de ce qui est lointain, ou de ce qui concerne d'autres que nous. Tel est ce que l'on a pu appeler « la tragédie des biens communs[1] » : dans un monde aux ressources limitées, nous faisons comme si elles étaient inépuisables, ou à notre seule disposition.

Nous nous laissons mourir, tout comme une équipe cycliste dépérit sous les coups infligés par les actions non concertées de ses membres – ou bien encore comme une échappée se laisse engloutir par le peloton faute d'avoir su collaborer. Tous les fuyards savent pourtant bien que la condition première de leur réussite personnelle est que le groupe aille au bout. Pour gagner, il faut déjà être en position de le faire. Certes il y a un risque à s'engager pleinement pour empêcher le retour du peloton, à pédaler à fond sans compter ses coups de pédales : mais au fond, statistiquement, ce risque – si chacun s'investit pareillement

1. Il s'agit du titre d'un article de l'écologue Garrett Hardin paru en 1968 dans la revue *Science*. Cette notion de « biens communs » a gagné en popularité ces dernières années suite aux discussions entourant le livre de la prix Nobel d'économie Elinor Ostrom, *La Gouvernance des biens communs*, Editions De Boeck, 1990 (trad. française 2010).

– est de quatre sur cinq ou de cinq sur six, ce qui n'est déjà pas si mal ; si l'échappée ne coopère pas, les chances de succès tendent en revanche vers zéro. Une approche strictement mathématique encourage donc à ce que l'entente soit la règle. Au lieu de quoi nous observons la plupart du temps que le groupe à l'avant finit par se décomposer du fait de ses dissensions internes, chaque coureur tâchant d'en « garder sous la pédale » pour disposer de plus de fraîcheur dans le final de l'épreuve. Vous imaginez combien la situation est frustrante et désolante quand on en est acteur ! On ne veut pas être le dindon de la farce en travaillant aveuglément au succès d'un autre. Alors on s'énerve contre celui qui ne relaie que mollement, on bluffe un peu, on essaie de s'isoler à l'avant en attaquant – autant d'actions qui ne font qu'accroître la division et installer un cercle vicieux dont on ne sait bientôt plus qui l'a initié. Inexorablement l'échappée ralentit. Sans avoir véritablement lutté, elle se fait rejoindre par le peloton.

« Ne pas en faire plus que celui qui en fait le moins » : combien de fois ai-je entendu cette maxime vélosophique répétée par mes différents directeurs sportifs, qui croyaient être des maîtres tacticiens profitant du système, alors qu'ils participaient à le créer en une version largement sous-optimale ! Si je devais suivre cette consigne à la lettre, et si tous les autres membres de l'échappée adoptaient eux aussi cette logique, eh bien, le groupe s'arrêterait : chacun attendrait de découvrir celui qui fournit le moins d'efforts, on se scruterait réciproquement, et personne ne pédalerait.

Pour autant, ne songer qu'au succès collectif est également improductif, et pour tout dire inhumain. Il faut donc trouver un moyen pour que l'échappée collabore, sans s'oublier soi-même.

*

La théorie des jeux peut être une ressource pour aborder ces questions. Elle postule que les humains sont des agents rationnels cherchant à maximiser leur sort particulier. L'exemple célèbre est celui du « dilemme du prisonnier » qui décrit la situation de deux complices d'un délit qu'un juge cherche à faire avouer. Pour ce faire, il leur propose un marché (sans que les deux comparses puissent communiquer) : ils écoperont d'un an chacun si nul ne confesse ; de dix ans si les deux avouent ; enfin, si l'un dénonce l'autre sans qu'il y ait réciprocité, le premier sera remis en liberté tandis que le second sera enfermé durant vingt ans.

L'issue optimale à ce problème, pour les deux prisonniers, serait qu'ils gardent le silence. Aucun des deux malfaiteurs ne pourrait envisager une meilleure option sans nuire à son complice. Ils seraient alors condamnés chacun à un an d'emprisonnement[1].

Les membres d'une échappée cycliste sont en bien des

1. Cette situation est ce que l'on appelle un optimum de Pareto, du nom d'un économiste italien de la fin XIXe-début XXe travaillant sur la juste distribution des ressources par l'État.

points dans une position semblable à celle de ces prisonniers. Leur dilemme à eux, c'est : 1) soit je roule à fond, au risque de me fatiguer et de favoriser la victoire d'un adversaire qui en aura gardé sous la pédale ; 2) soit je me préserve pour être encore frais dans le final, mais alors il se pourrait que le groupe soit d'ici là rattrapé par le peloton. La solution serait bien sûr que les fuyards s'entendent tacitement, qu'ils collaborent de manière équitable sans arrière-pensées pour servir au mieux l'intérêt général – et qu'ils s'expliquent à la loyale dans les derniers kilomètres.

De même, il serait rationnel que les habitants d'un monde qui se réchauffe agissent ensemble pour lutter contre cette hausse des températures, parce qu'il en va du bien commun, même si cela réduit leur bien-être à court terme.

Seulement l'intérêt général n'est pas l'intérêt de chacun. Abandonnant le bien aux sirènes du mieux, les prisonniers auront la tentation de se dénoncer l'un l'autre, en s'imaginant que le deuxième agira autrement, ce qui permettrait une remise en liberté immédiate pour le délateur. Au lieu de quoi, puisque les deux hommes raisonnent pareillement, ils seront condamnés tous deux à dix ans de prison – une peine bien moins enviable que celle qu'une entente implicite aurait entraînée[1].

Les coureurs échappés sont pareils à ces prisonniers : au lieu de coopérer afin de se mettre collectivement en

1. Il s'agit là du « point d'équilibre » du problème, tel que le mathématicien et économiste John Nash l'a décrit.

situation de gagner, ils tergiversent, jouent l'économie, espèrent profiter du travail des autres, et finalement se font reprendre par le peloton, perdant tout.

Le sport, pas plus que quelque autre activité humaine, n'est affaire de raison. Il repose sur des critères subjectifs, passionnels, tels que la peur ou la confiance[1].

Le sujet du réchauffement climatique ne fait malheureusement pas exception. Notre maison brûle, et nous attendons que le voisin éteigne l'incendie. Nous continuons à mener notre habituelle vie de confort en nous disant que le nécessaire travail commun peut attendre. *Tous*, nous nous croyons plus malins que les autres, et espérons profiter du système sans sacrifier individuellement à sa construction.

Ce qui est le plus choquant, c'est que cette attitude n'a rien en soi d'irrationnelle. Il n'est pas insensé de connaître les maux du futur (l'échappée est vouée à l'échec si elle se désunit ; le monde court à sa perte si nous continuons sur le même modèle de croissance), sans pour autant agir pour y remédier. Il n'est pas illogique de se dire : « après moi le déluge ». Après tout, pourquoi devrait-on sacrifier son intérêt personnel si notre personne est la chose la plus importante pour nous ? Ce sont là des questions auxquelles je me suis fréquemment confronté en tant que coureur, et auxquelles je ne suis pas sûr d'avoir apporté

1. Un autre exemple : face à un krach boursier, comment réagira l'actionnaire individuel ? Il cherchera à vendre au plus vite, accélérant ainsi la dégringolade générale. Objectivement, il aurait pourtant fallu conserver ses actions, faire le dos rond en attendant des jours meilleurs.

une réponse satisfaisante. Qu'est-ce qui *justifie* que je mette mes chances de côté en respectant une consigne d'équipe qui m'est clairement défavorable ? Ou – ce qui revient au même – qu'est-ce qui m'autorise, moi leader, à commander quelque chose à des coéquipiers ? Je ne peux que m'appuyer sur l'impératif conséquentialiste qui impose de mettre en œuvre les moyens les plus adéquats pour atteindre une fin donnée. Mais cet impératif est sans fondement : pourquoi cette fin et pas une autre ? Pourquoi est-ce le bien du groupe que l'on doit favoriser et pas *le mien* ? Les raisons du cœur ne sont peut-être pas celles de l'esprit ; elles n'en sont pas moins valables.

Les régimes démocratiques reposent sur le postulat que les citoyens se mettront naturellement au service du collectif. On comprend leur impuissance. Croire en un modèle utilitariste – qui ferait le pari que les sujets particuliers sont capables d'atteindre un point de vue général et, depuis ce poste, de choisir librement d'agir de façon à accroître le bien-être collectif – est une fausse espérance, laquelle ne peut qu'être déçue. S'il est vrai que la nature est un livre écrit en langage mathématique, le monde humain quant à lui n'est pas affaire de calcul. Les agents sociaux, à l'instar des cyclistes, n'obéissent pas aux règles théoriques de l'entendement, pesant posément le pour et le contre, évaluant les probabilités, capables d'une réflexion objective et à long terme. Croire cela, c'est manquer de nombreuses victoires.

*

À bien y regarder, ce problème du lien entre singulier et universel a traversé toute l'histoire de la philosophie, depuis ses origines. Pour Platon, qui définissait le réel comme le monde éternel des Idées, des Formes intelligibles, il s'agissait déjà d'une difficulté majeure : comment les choses sensibles, celles qui nous entourent et dont nous faisons immédiatement l'expérience, peuvent-elles exister et *participer* de ces Idées ? Comment établir un lien entre un lit particulier et le concept de Lit, ou bien entre une action juste et le principe de Justice[1] ? La philosophie est née comme prise de conscience de cet impossible, bien que nécessaire, trait d'union entre l'individuel et le général.

À peu près tous les philosophes tâchèrent d'appréhender la question. Pour un certain nombre d'entre eux, dont Platon, c'est la connaissance qui permet de dépasser notre condition particulière d'être humain pour accéder à quelque chose de supérieur, de plus profond. Pour d'autres, comme Schopenhauer, c'est l'art, expérience « gratuite » qui casse le mouvement implacable du « vouloir-vivre », celui de notre simple existence biologique[2] ; pour d'autres enfin, à l'image de Kant, la morale, dont il est dit qu'elle doit obéir à une règle d'universalisation[3], est ce qui élève infiniment notre valeur au-delà de nous-mêmes.

1. Voir par exemple le *Parménide* de Platon.

2. Arthur Schopenhauer, *Le Monde comme volonté et comme représentation*, Brockhaus, 1819.

3. Emmanuel Kant, *Fondements de la métaphysique des mœurs*, 1785, où l'on trouve cette formulation de l'impératif catégorique : « Agis selon la maxime qui peut en même temps se transformer elle-même en loi universelle. »

Ces solutions sont-elles satisfaisantes ? D'un point de vue théorique, certainement. Mais ne sont-elles pas trop parfaites pour être applicables au vivant ? En vantant les pouvoirs de la connaissance, de l'art ou de la morale, les philosophes s'affranchissent de la matérialité humaine. Leur démesure – qui fait aussi leur grandeur – tient en ce qu'ils veulent partir de l'universel, oubliant le primat du singulier. L'individualité est tordue de telle sorte à s'imbriquer impeccablement dans le système proposé. Le sujet est façonné selon le but à atteindre. C'est beau, intellectuellement parfait, mais peut-être un peu artificiel, sans lien avec ce qui rend chaque humain à proprement parler exceptionnel, c'est-à-dire son engagement charnel dans le monde.

Il faudrait pouvoir se positionner non pas depuis un point de vue surplombant, mais à ras du sol, à hauteur d'homme, de roues, de souffle, d'individu. Se placer, pour étudier les rapports humains, non pas au niveau du macrocosme, du peloton comme masse indistincte, de la société comme bloc, mais au niveau interpersonnel, dans la relation (qui est avant tout un affrontement, une compétition, puisqu'il y a rivalité pour étaler sa puissance) entre deux singularités.

Imaginons une situation où deux coureurs sont côte à côte. Il ne s'agit pas d'un cas banal, non : ici, c'est la vie des athlètes que l'on suppose en jeu. L'effort est intense, acharné, le premier qui ralentira le rythme, le premier qui craquera, qui perdra de la distance, ne serait-ce que l'espace d'une demi-roue, sera désigné équipier de l'autre et devra se soumettre. Celui qui freinera à l'approche d'un danger, d'une courbe ou d'un rétrécissement de la route, révélera pareillement sa faiblesse. La course cycliste est une lutte pour l'existence, c'est-à-dire une lutte pour l'affirmation de sa puissance.

Cette situation est très analogue à l'étape initiale de la dialectique du maître et du serviteur, qu'Hegel développe dans la *Phénoménologie de l'esprit*, où deux consciences se combattent à mort, poussées par leur désir de reconnaissance. Un des combattants finalement l'emporte ; un des deux coureurs faiblit et se résigne, ou prend peur à l'abord de l'obstacle.

Le vainqueur triomphe, se fait déclarer maître. Mais il ne tue pas son concurrent : il a besoin d'une altérité qui puisse témoigner de sa valeur. Ce sera le vaincu. Ainsi se mettent en place les rouages de la société hiérarchique que nous décrivions, depuis une relation de compétition entre deux individus. Ainsi s'établit cette société du mensonge où des êtres particuliers, puis des classes, se construisent eux-mêmes comme supérieurs ou inférieurs – et où les premiers, par suite, font travailler les seconds, qui acceptent cet état de servitude synonyme de survie et de sûreté.

Le maître est celui qui risque sa vie. Il est celui qui a résisté à la plus grande pression, celui qui s'est le plus engagé physiquement, celui aussi qui a le plus à perdre, qui est le plus exposé au danger. Il a le privilège de dominer. Mais le vaincu, le serviteur, a aussi des privilèges : celui d'une certaine forme de confort, d'absence de responsabilités, et l'assurance de ne pas mourir.

En dépit des apparences (qui, en toute lucidité, voudrait être asservi ?), la position du dominé est en certains points avantageuse, car paradoxalement la relation de dépendance se retourne peu à peu en sa faveur. Eh oui : de même que le leader d'une équipe cycliste se révèle impuissant sans l'aide de ses coéquipiers, incapable de lutter contre la force du peloton ou d'équipes organisées, de même le maître ne peut rien sans celui qui travaille pour lui. Un équipier à l'inverse n'a pas besoin de leader pour vivre. Si son champion abandonne la course pour une cause quelconque, rien ne pourra lui être reproché. Il pourra continuer son bout de chemin, et même tirer profit de la situation pour jouer sa propre carte. À l'inverse, un leader sans personne pour l'épauler perd tous ses moyens. Il ne peut rivaliser avec ses concurrents directs. Plus encore : un leader a *besoin* de ses coéquipiers pour être *valorisé* comme tel. Si cette reconnaissance n'est plus là, si la défiance s'installe, alors le leader perd automatiquement son statut, faute d'yeux pour l'admirer. Un roi sans sujets est un être plein de misère.

Et puis, dans une épreuve cycliste, il faut savoir que le leader passe le plus clair de son temps à attendre, inactif, déconnecté de la course, bien au chaud au cœur du peloton, profitant de ses équipiers qui le ravitaillent, le renseignent, le protègent du vent. Ces derniers, en revanche, sont pleinement actifs : il faut aller chercher les bidons à la voiture, s'informer des écarts, travailler à les réduire... Quand le leader rentre en action, il ne reste plus que quelques kilomètres à couvrir, quelques hectomètres même pour les sprinters. Peu à peu le leader s'hyperspécialise dans ces moments, certes cruciaux, mais néanmoins toujours assez identiques les uns aux autres. Il en oublie toute la diversité de la course, tous les différents aspects technico-tactiques qui la constituent, et auxquels se confrontent sans cesse les équipiers qui, eux, continuent de progresser, d'enrichir leur palette, pendant que celui pour lequel ils travaillent stagne finalement dans un rôle unique, aux horizons limités. Habitué à rester dans les roues et à n'en sortir qu'au dernier moment, le leader ne sait plus courir seul et voit son champ des possibles se réduire à mesure qu'il s'ancre dans son statut. Plus grande sera la chute si un jour par malheur il se retrouve sans ses précieux serviteurs.

Le maître est devenu dépendant du serviteur. Le rapport de domination s'est inversé. Une forme d'égalité s'est mise en place, qui n'est pas l'égalité universelle, arithmétique, de la société démocratique, mais une égalité en mouvement, un balancier continuel de relations asymétriques qui structurellement s'annulent l'une l'autre, au cours de l'histoire, de cette histoire dialectique semblable à une course cycliste où le moins contient le germe du plus, où la défaite est synonyme de succès futurs, et les victoires annonciatrices de temps qui déchantent.

Pour Hegel, l'issue de cette dialectique réside dans la réconciliation entre les deux consciences sous la figure de l'État. Celui-ci impose la réciprocité entre les citoyens ; une reconnaissance mutuelle s'instaure. L'égoïsme originel est dépassé, l'universel est atteint.

Un tel terme est-il à portée de l'humain ? Si nous construisons l'Histoire, nous le faisons bien malgré nous. Le coureur ne pense pas au palmarès quand il lutte dans le final d'une épreuve de renom ; il veut simplement gagner, ici et maintenant. Il n'a pas non plus conscience qu'il participe à établir une institution – la communauté cycliste, au sein de laquelle une estime mutuelle est possible, garantie par le respect de certains codes tacites. Le peloton comme société ne peut exister sans ses membres ; pourtant, ceux-ci ne sont aucunement préoccupés du grand tout qu'ils constituent à leur insu.

Nous ne pouvons, à notre hauteur, qu'en rester au stade conflictuel de la compétition : sans cesse en lutte pour la reconnaissance, pour l'affirmation de notre puissance, nous nous comparons, nous affrontons, et développons des liens de dépendance qui se retournent continuellement – sans que nous ayons conscience du processus. Plutôt que de faire appel à une morale surplombante impossible, sans non plus tomber dans un nombrilisme forcené consistant à profiter de l'autre sans vergogne, il s'agit dès lors de construire un égoïsme authentique.

*

L'égoïsme, en tant qu'éthique, consiste à faire confiance à son intelligence instinctive. Celle-ci ne se prétend pas universelle, il ne s'agit pas d'une puissance intellectuelle supérieure capable de tout organiser, ni même d'une faculté partagée par tous les êtres de raison ; non : il s'agit de *mon* intelligence, moi individu particulier, engagé dans un environnement qui m'est propre. En ce sens, l'égoïsme est la conséquence pratique de la conviction solipsiste – un mot compliqué pour dire que le monde n'est jamais que *mon* monde. Dans cette perspective, il faut admettre qu'il ne peut y avoir de lois éternelles guidant mes actions, mais seulement des improvisations permanentes, au cas par cas. La morale est toujours une affaire provisoire.

En plein effort, dans le final d'une étape, quand la victoire me semble atteignable, je ne me préoccupe plus de l'organisation du peloton comme tout. Je ne suis focalisé que sur une chose : gagner. Présent au monde, je me libère de toute tactique extérieurement imposée. Je m'abstrais des consignes qui me sont passées à l'oreillette (que d'ailleurs, souvent, je retire). Les règles coutumières qui gouvernent l'avancée d'un peloton n'ont plus cours. Je suis recentré sur moi-même, prêt à bondir, comme un fauve n'attendant plus que le moment opportun pour foncer sur sa proie, sourd à toute considération annexe, à toute logique objective, à tout ordre des choses.

En 2017, je n'aurais sans doute pas gagné le Tour de Toscane si je m'en étais tenu aux tactiques habituelles. J'attaquai dès le pied de la montée finale, alors que la sagesse commandait de rester dans les roues jusqu'aux derniers kilomètres, quand les équipiers des leaders se seraient écartés. Mon directeur sportif flamand me répétait à la radio : « *Rustig! Rustig!* », « Tranquille ! Tranquille ! ». Ce jour-là, je pressentis pourtant qu'il fallait sortir des sentiers battus. Je passai à l'offensive dès les premières rampes, n'ayant crainte de me dépenser inutilement et de tout perdre. Isolé à l'avant, je pouvais maintenir un rythme régulier. Derrière, les favoris de l'épreuve – un ancien et un futur vainqueur du Tour de France, Vincenzo Nibali et Egan Bernal – se surveillaient l'un l'autre, accélérant et ralentissant de manière hachée. Quand ils comprirent la menace que je représentais, il était trop tard. J'étais parti pour gagner.

Qui est aujourd'hui capable, dans notre société, d'assumer cette part instinctive qui nous anime tous et contre laquelle nous ne pouvons rien ? Le sport permet, si on le pratique avec intelligence, de retrouver une forme d'animalité, comprise non pas comme retour à une vie sauvage, originelle (qui n'a jamais existé), mais comme *resolidarisation*, avec la terre et avec soi-même. En ce sens il est le lieu d'expression parfait de l'éthique égoïste.

Le monde auparavant s'articulait autour de repères stables, d'une hiérarchie établie, certes arbitraire, mais opérante. La société de la surinformation a déboulonné tous ces artificiels piliers. Désormais on doit avouer que l'on sait. Le sac s'est ouvert, et d'innombrables billes en sont tombées, s'éparpillant de manière désordonnée. Il est impossible de vouloir les ranger à nouveau. Les billes doivent construire leur propre chemin, établir leur singulière cohérence. Elles rebondiront de-ci de-là sur d'autres, semblables et en même temps radicalement étrangères à elles. Elles devront profiter de ce choc pour progresser, et emmagasiner peu à peu plus de puissance.

En vérité, Margaret Thatcher n'avait pas tort quand elle affirmait « *there is no such thing as society*[1] » : de fait, il y a seulement des gens, des femmes, des hommes, des enfants, un amas d'êtres en mouvement qui s'inventent et se réinventent sans cesse, au gré de leurs échanges contingents avec les autres. Ces personnes ne peuvent s'appuyer sur des modèles pour avancer, ou alors ceux-ci sont semblables à des pages blanches, tel l'homme debout de Giacometti, simple et droit, telle encore la figure choisie par Ulysse à la fin du mythe d'Er, dans *La République* de Platon, quand la déesse de la Nécessité lui offre de choisir entre plusieurs types d'âmes pour se réincarner : aux exemples de réussite ou de pouvoir, le héros de l'*Odyssée* préférera la vie d'un individu sans attribut particulier, d'un besogneux sans don exceptionnel, dont la singularité tient précisément à cette banale humanité.

La référence peut également être le *kalos kagathos* grec, « l'homme bel et bon » dont l'apparence extérieure reflétait la bonté intérieure, dont la vertu était de vivre dans la simple affirmation de soi ; ou encore le chevalier du Moyen Âge, le samouraï japonais, ou même le *gentleman* britannique, tous attachés à un code d'honneur mais n'obéissant, au bout du compte, à nul autre qu'à eux-mêmes. Face à une société qui aujourd'hui n'en finit plus de s'épancher, la ressortie de ces images est un appel à la simplicité, à la contenance, à la pudeur consistant

1. Formule que l'on pourrait traduire par : « Cette chose, "la société", n'existe pas » (extrait d'une interview parue dans le magazine *Woman's Own* en 1987).

à ne pas dévoiler les rouages de sa pensée, les motifs de ses actes, mais à agir et réfléchir en cohérence avec soi-même.

Ces figures ne doivent pas être admirées comme telles, aveuglément. Elles aussi s'inséraient dans un système, sur lequel elles n'avaient pas prise, où des schémas d'inégalité et de violence s'étaient installés (esclavage, servage, misogynie, etc.). Elles doivent encore moins être imitées, car nous retomberions alors dans une artificialité qui n'est plus possible, où le sujet perdrait ce qui lui est en propre, en tâchant de se parer avec ridicule d'habits qui ne sont pas les siens, et ne peuvent plus l'être. Au mieux, les précédentes références décrites peuvent servir de témoin, de phare, de guide. Mais elles ne doivent pas nous écraser de leur grandeur.

L'inspiration est d'ailleurs aussi bien à trouver dans le peuple, dans l'intelligence ordinaire, dans cette fameuse *common decency* évoquée par Orwell, comprise non comme une morale naturelle que posséderait par essence et comme par miracle une classe sociale en particulier – « le peuple » –, mais comme une certaine évidence de vie, une pratique qui ne demande pas de théorie pour se développer.

Se réindividualiser, se recentrer, se renaturaliser – tels sont les maîtres mots de l'éthique égoïste. Aucune puissance extérieure au sujet – surtout pas une morale – ne le gouverne ; plus encore : lui-même ne peut se commander, il ne peut *décider* d'obéir à un code, mais doit l'établir au quotidien en l'expérimentant.

L'égoïsme authentique est humble, discret, modeste, et propre à chacun. La formulation en « -isme » est en ce sens trompeuse, car elle semble généraliser, prétendre à l'universel, là où il n'y a que du particulier. Trouver sa propre cohérence, sa propre éthique – voilà le défi auquel nous faisons face, ce que j'appelle resolidarisation. Une expérience qu'aucun philosophe, aucun courant de pensée, aucun livre de développement personnel, ou quoi que ce soit de ce genre, ne peut mener à notre place.

Une expérience que tout cycliste est en mesure de réaliser au quotidien.

*

La morale sportive exige la solidarité. La loi du peloton commande qu'aucun individu ne sorte du lot. Il n'est pas facile, quand on est un jeune coureur, d'oser se distinguer, par exemple de forcer la porte pour relancer la course quand les cadors « font barrage », c'est-à-dire qu'ils bloquent la route après qu'une échappée matinale à leur convenance s'est détachée. Je me souviens d'une étape du Dauphiné Libéré lors de ma première année professionnelle. Un de mes coéquipiers voulait attaquer, mais l'équipe du leader n'était pas de cet avis. Il essayait de s'immiscer dans une ouverture sur le bas-côté. On le poussa littéralement dans l'herbe. De quoi dissuader de retenter sa chance…

De la même manière, lors de ce Tour 2021, alors que je me retrouvai deuxième du classement général au bout de deux semaines de course suite à une échappée dans les Pyrénées, nous eûmes le plus grand mal avec mon équipe Cofidis à imposer notre présence derrière la formation du maillot jaune qui gérait le tempo, comme la coutume l'autorise pourtant. Nous dûmes jouer des coudes et nous rebeller contre certaines grosses armadas, habituées à occuper ces places privilégiées et sans doute vexées de voir un membre d'une « petite » équipe les devancer au classement.

Une certaine orthodoxie gouverne le peloton : un ordre est en place et doit être respecté ; seuls certains schémas stratégiques sont approuvés. Tout cela est si bien intériorisé que peu à peu on ne conçoit même plus que d'autres scénarios de course soient possibles, ou que la hiérarchie est infondée. Plus personne ne prend le risque de sortir du rang.

Se resolidariser, à l'opposé de la morale de la solidarité, signifie porter un regard neuf sur les tactiques habituelles, s'ouvrir à de nouvelles possibilités dont on serait acteurs, renouer un lien avec l'essence de nos pratiques. Qu'est-ce qu'une course cycliste ? Rien de plus qu'une institution athlétique, où des individus sur une machine à roues partent d'un point A et doivent atteindre un point B avant leurs concurrents. Selon cette perspective, rien n'oblige à suivre un déroulé préétabli, rien ne justifie non plus toutes ces règles tacites ancrées dans le peloton, selon lesquelles les challengers doivent suivre le rythme et la stratégie de course des favoris, tandis que les plus petites équipes, celles disposant des budgets les plus faibles ou des coureurs avec le moins de renom, doivent laisser le luxe de la meilleure position dans le groupe principal aux grosses écuries[1]. Il faudrait avoir l'audace de réinitialiser tous ces algorithmes qui gouvernent la vie du peloton, avoir le courage de s'opposer et d'innover. Seul et faible, la chose est évidemment impossible. C'est pourquoi l'enjeu est de réussir à fédérer autour de soi, en une volonté commune de repartir des principes du sport, c'est-à-dire ceux de la confrontation, laquelle n'a pas à être réglée par une autre puissance que celle des arbitres.

*

L'exemple des arbres, dont la sensibilité est attestée et dont la profonde intelligence commence à être prouvée, est utile pour comprendre comment depuis notre isolement initial il peut être possible de nous lier à d'autres que nous, afin d'inventer un mode de fonctionnement original.

La vie d'un arbre n'est pas un long fleuve tranquille. Elle est affaire de conflits, de lutte pour l'existence face à un ensemble de concurrents dans la forêt, de la même espèce ou non, tous à la recherche d'eau et de

1. J'ai commencé ma carrière dans une modeste équipe belge, Wanty-Groupe Gobert, beaucoup moins respectée dans le peloton que des formations plus huppées. Ainsi les jeunes coureurs, « les plus petits », doivent dépenser plus d'énergie pour jouer à l'avant que les champions aguerris – ce qui explique que s'installent des systèmes de domination où ceux qui ont déjà tous les atouts auront le plus de chances de s'imposer.

lumière. Elle est aussi un effort de résistance aux agressions extérieures, qu'elles soient climatiques, animales ou humaines. L'arbre est hyper-vulnérable, à l'instar de l'individu face au monde, ou du cycliste égaré au milieu d'un peloton de deux cents adversaires, cherchant à tout prix à se faire entendre.

Face à toutes ces menaces, l'arbre doit développer des stratégies de survie. Il se parsème de piquants pour se protéger de ceux qui convoitent son écorce ou ses fruits, ou bien il se rend incomestible, comme ces acacias africains qui augmentent leur teneur en tanins quand des antilopes commencent à attaquer leurs feuilles.

Il a aussi la sagesse de s'intégrer à un ensemble au travers de relations interindividuelles qui lui seront profitables. L'arbre se coordonne avec ses congénères, littéralement en liant racine, de sorte qu'un individu affaibli par une période difficile, en raison d'une sécheresse ou par manque de luminosité, puisse compter sur d'autres plus proches d'un point d'eau ou d'une source lumineuse.

Des chercheurs ont découvert que ces fameux acacias africains pouvaient non seulement réagir rapidement face à une agression animale en se rendant impropres à la consommation, mais qu'ils étaient également capables de transmettre l'information à d'autres individus à proximité en émettant un gaz, de façon à ce que ceux-ci à leur tour modulent leur concentration en tanins, en prévention.

Les végétaux ont une intelligence, laquelle consiste à

faire réseau dans le cadre d'un échange de bons procédés. Émerge alors, presque par miracle, non un peuple mais une forêt, c'est-à-dire un ensemble au sein duquel chaque spécimen cherche avant tout à se développer lui-même, en lien avec ceux qui l'environnent. Ce tout diffus n'est pas gouverné de manière supra-individuelle ; il repose sur des relations singulières, celles-là mêmes qui l'ont constitué initialement.

L'autre devient dès lors d'une importance capitale. Mais non pas l'autre en soi, abstrait, objectivé : celui-là, c'est l'autre du maître, lequel ôte toute valeur à la conscience asservie, la désigne comme une chose, la considère comme morte, et perd du même coup l'être qui doit le reconnaître. Le peloton qui veut imposer sa loi verticalement adopte cette attitude. Ce faisant, il ne se rend même pas compte qu'il participe à se tuer lui-même.

Quand on est coureur, l'envie est forte de vouloir tout contrôler : soi-même bien sûr (son entraînement, sa nourriture, le parcours, etc.), mais ses partenaires et adversaires également. Tel est pourtant l'écueil à éviter, car non seulement le projet révélerait son inefficacité – autrui par définition n'est pas une chose inerte, manipulable –, mais qui plus est cela viendrait casser ce qui fait toute la magie du sport, à savoir son caractère imprévisible dû au fait que des êtres vivants, sensibles et parfois irrationnels, en sont les acteurs.

Une autre tentation serait de considérer l'autre comme un double de soi-même. Nous pourrions ainsi présumer de ses intentions et anticiper ses actions. Nous sommes pourtant tous radicalement différents – ce dont l'on se rend compte au quotidien dans le cyclisme : nous ne considérons pas la course du même œil selon que nous sommes sprinters ou grimpeurs. Les premiers seront généralement inquiets au départ d'une étape de montagne, tandis que les seconds l'aborderont avec envie. Nos antécédents nous façonnent également : une chute récente créera une appréhension exagérée en descente, le temps que le blocage se résorbe. Bref, tout un ensemble de facteurs génétiques et épigénétiques nous ont construits. Balayer ces paramètres de différenciation d'un revers de la main au motif que nous sommes tous constitués pareillement est une facilité à laquelle certains peuvent parfois succomber pour des convenances pratiques. Ce sont les directeurs sportifs qui envisagent leurs coureurs comme s'ils étaient des personnages de jeux vidéo, aux qualités physiques quantifiables ; ou bien ce sont ces cyclistes qui ne parviennent pas à concevoir que leurs collègues puissent avoir une vision de la course différente de la leur, et qui s'énervent de ce que tout n'aille pas dans leur sens. La difficulté de toute relation consiste dans l'art de s'adapter à une étrangeté absolue, laquelle se conçoit tout autant que nous comme absolument primordiale. Ayant intégré cette idée fondamentale, le directeur sportif habile ne considérera plus ses athlètes comme des « profils » interchangeables, mais saura parler à chacun en touchant son individualité. Quant au cycliste, il aura acquis le sens de la course dès qu'il aura cessé de postuler qu'il en est la pierre angulaire, apprenant à se jouer des mouvements contraires et inattendus qui la rythment.

Ce qui importe, c'est le lien duo/duel que créent les individus entre eux, certainement pas en un sens moral ou religieux (« le partage par-delà les oppositions »), mais pour des questions d'intérêt réciproque. Ce lien s'étoffera peu à peu, il dépassera le simple rapport de personne à personne, et permettra d'atteindre des organisations complexes, multi-individuelles. Celles-ci ne doivent cependant pas enfler de telle sorte qu'elles perdent de vue, du fait de leur grandeur, ce sur quoi elles reposent, c'est-à-dire des êtres humains.

Je crains malheureusement que nos sociétés ne soient déjà tombées dans cet écueil. Dans le cyclisme, je constate que de plus en plus de décisions sont prises par des instances supérieures, dans des commissions savantes, ou via des syndicats censés exprimer la voix du peloton – sans que le bon sens soit convoqué. Ce microcosme est bien à l'image du macrocosme, qui lui aussi se perd en structures et sous-structures prétendant servir l'individu, sans toutefois lui reconnaître aucune chair.

*

Le sport peut être une ressource pour réapprendre à agir à la fois seuls et en groupes, sans qu'une intelligence supérieure nous dirige, comme ces arbres qui communiquent, ces poissons qui s'organisent en bancs, ou ces fourmis qui se coordonnent. Dans la compétition athlétique, nonobstant les consignes stratégiques et les mantras collectifs, nous sommes seuls, y compris dans les disciplines qui se pratiquent en équipes. Le but : trouver un moyen d'exprimer notre puissance, d'établir notre valeur. Cela se réalise bien sûr *contre* les autres, mais certainement pas *sans* eux.

Le sportif doit transiger, s'associer à ceux qui lui sont étrangers, « lier racines ». C'est pourquoi les joueurs effectuent des passes au football : s'ils jouaient seuls ils n'auraient aucune chance de briller, de l'emporter. Si, dans le cyclisme, nous nous regroupons en équipes, et que nous acceptons de rouler pour un coéquipier, c'est parce que c'est la condition de possibilité de notre réussite individuelle (laquelle peut prendre plusieurs formes : la joie de la victoire par procuration ; l'attente d'un retour une fois une faveur accordée ; la reconnaissance du travail accompli ; le simple plaisir de l'action plutôt que l'ennui de l'attente ; ou encore, plus trivialement, la contrepartie pécuniaire).

Le fonctionnement est assez simple et évident quand il s'agit d'échanges au sein des équipes, entre collègues. Si des sprinters m'ont aidé sur des étapes de montagne, en me protégeant du vent dans la vallée par exemple ou en tâchant de me placer en bonne position au pied d'un col, il me paraît assez naturel qu'à mon tour lors d'une journée plus plate j'essaie de leur rendre la pareille en les abritant le plus longtemps possible. Il pourrait sembler plus complexe d'expliquer les ententes entre concurrents, entre athlètes dont les buts sont diamétralement opposés. Le même mécanisme est pourtant à l'œuvre : la collaboration se construit quand des intérêts convergents sont à défendre, quand un service rendu apportera un bien à celui qui en est l'initiateur.

Le monde des arbres ne laisse pas d'être instructif pour aborder ces questions. On a en effet découvert que la plupart des plantes terrestres nouent des échanges mutuellement profitables avec des champignons se situant au niveau de leurs racines. Les plantes transmettent une partie des sucres qu'elles produisent grâce à la photosynthèse au mycélium souterrain, et récoltent en échange eau, azote ou autres éléments minéraux. Ce « partenariat », connu sous le nom de symbiose mycorhizienne, prouve que des organismes radicalement différents sont capables de s'associer quand ils peuvent en tirer des bénéfices réciproques. Un autre exemple bien connu, et peut-être encore plus frappant, est celui du requin et du rémora : alors que le premier pourrait facilement faire du second son repas, il le protège au contraire, parce que ce petit poisson qui vit accroché à lui nettoie sa peau des parasites et des bactéries, le protégeant ainsi d'infections.

Comment une échappée peut-elle parvenir à résister au peloton, sans se désagréger sous l'effet de la discorde entre ses membres ? Plutôt que de faire appel au calcul rationnel, pourquoi ne pas prendre exemple sur la nature et essayer de mettre en place un système de réciprocité où chacun puisse trouver son compte ? Ma première victoire chez les amateurs a été acquise de la sorte. Lors du Tour du Jura 2013, nous étions deux coureurs échappés lors de la dernière étape. Mon compagnon de fugue avait des vues sur le général, tandis que j'étais moins bien classé et me focalisais sur la victoire du jour. La configuration était idéale et le *deal* évident : chacun ayant des buts différents, nous pouvions nous livrer à fond, sans arrière-pensée, afin de nous partager le gâteau, moi en glanant les lauriers de l'étape, mon adversaire en remportant le classement général – tels le requin et le rémora, l'arbre et le champignon.

La chose est bien sûr plus complexe quand les cyclistes ont tous la victoire pour finalité, quand deux animaux convoitent la même proie, ou que deux arbres se disputent la lumière. Il n'y a souvent qu'une seule place sur la plus haute marche du podium. Et c'est là où le *jeu* sportif prend tout son sens. Il consiste à interagir avec l'autre, à profiter de lui au mieux (par exemple en laissant penser que l'on est en difficulté, de sorte à ce que notre adversaire pédale sans compter, croyant avoir toutes ses chances de gagner), sans pour autant dévoiler son stratagème. L'autre agit et réfléchit pareillement ; il faut donc prendre garde à ne pas arriver à une situation où tout le monde grimace, sans que personne fasse d'efforts. La subtilité consiste à trouver un point d'équilibre, où la collaboration à tout le moins *apparaisse* comme mutuellement profitable. La construction d'une telle entente doit intégrer les forces et faiblesses de chacun : le plus rapide devra se livrer un peu plus que les autres, car il a un avantage en cas d'arrivée du groupe au sprint; tandis que le grimpeur devra mener dans les parties montantes... Tout un système de troc, de marchandage, se met en place, non pas de manière consciente et formalisée, mais sur le terrain, au cas par cas, de personne à personne.

Parfois cela ne fonctionne pas : l'échappée se disloque parce qu'aucun accord tacite ne parvient à être conclu, parce que l'inégalité entre les membres du groupe semble trop disproportionnée pour être résoluble. La proie s'enfuit parce que les prédateurs n'ont pas su s'entendre. Les arbres d'une forêt trop dense, trop concurrentielle, ne parviennent pas à se développer.

Il est cependant des occasions où une coopération suffisante est atteinte, dans les limites de ce qui est personnellement acceptable certes, mais assez pour que le groupe puisse se disputer la victoire, même d'un rien. Combien de fois le peloton vient-il mourir sur les talons des fuyards dans le final d'une étape ? C'est que les coureurs de tête se situent au parfait point d'équilibre : chacun travaille juste assez pour s'assurer d'être en position de jouer la gagne, mais jamais plus que ce « juste assez ». Voilà le miracle : depuis une somme confuse d'intérêts divergents, une balance parvient à s'immobiliser, satisfaisant tout le monde, éphémère moment de cohésion collective qui n'enlève rien à la singularité fondamentale de chacun. Les loups se constituent en meute et sont capables de renverser un animal aussi grand qu'un cerf. Les arbres s'élèvent concomitamment et s'immobilisent en une cime commune.

Les rapports humains sont une sorte de poker : on donne autant que l'on espère recevoir, on joue avec la sensibilité de l'autre. La balance est instable, imprévisible. Il n'y a pas de guide des relations interpersonnelles, pas de traité de l'amitié ; ces choses-là sont de celles qui s'éprouvent, réussissant en certaines occasions, échouant à d'autres. Quoi qu'il en soit, un lien authentique ne peut s'établir qu'à travers un échange direct, simple, entre personnes. Le truchement de l'institution, de la machine ou de l'algorithme est trompeur : il laisse croire qu'il est facile de construire une société, un réseau humain, comme si une mécanique du cœur existait. Partant, il détruit toute possibilité d'une civilisation pérenne, honnête avec elle-même, consciente de son poids et des enjeux qui la traversent.

*

Affirmer la simplicité de la réciprocité, la nécessité d'une resolidarisation – avec soi-même, avec la terre, avec les autres – ne consiste pas à tenir un discours idéaliste sur le monde, ni à considérer que tous se valent. Nous ne sommes pas égaux, il est illusoire de le nier. Dans mes jeunes années de coureur, j'entendais souvent les encadrants asséner, pour donner du courage à leurs troupes : « Vous avez deux bras, deux jambes, un cœur, comme les autres ! Ne faites pas de complexe d'infériorité ! » Je dois dire que ce discours m'a toujours paru étrange. Bien sûr que tous les concurrents sont globalement dotés des mêmes attributs. Seulement une jambe peut être plus puissante qu'une autre, un cœur pulser plus de sang que celui du voisin. Sur la ligne de départ, il y a des grands, des petits, des musclés, des filiformes… Et tout le jeu consiste précisément à faire avec, à composer avec ce que l'on est et avec ce que sont les adversaires. C'est ce qui fait la particularité d'un sport comme le cyclisme : il faut savoir retourner ses faiblesses en forces, par exemple en roulant moins qu'un autre quand on se sent inférieur, ou bien en bluffant pour laisser croire que l'on est bien et se prémunir d'une éventuelle attaque. Le mieux pourvu se délestera d'une partie de sa puissance, parce que c'est le moyen pour lui de l'affirmer. Le moins bien loti à l'inverse profitera des forces extérieures pour s'élever. Et ces échanges ne sont pas les fruits d'une réflexion collective, d'une décision supérieure du « peloton », d'un État justicier ou d'une morale égalisatrice ; ils se construisent parce qu'il en va de l'intérêt de chacun, fort comme faible.

La vie est un jeu de lutte, ce qu'aujourd'hui l'on n'assume pas. En sa version moderne, le sport – qui est une présentation miniature et symbolique de l'existence – est plein de cette hypocrisie, dans la mesure où l'on rechigne à reconnaître que l'affrontement et la violence en sont les principes. Pourtant, il pourrait être le lieu parfait du dépassement de ce mensonge inavoué, et la voie vers la construction de relations plus authentiques.

Pourquoi le sport en particulier ? Tout d'abord parce qu'il impose par nature cette fameuse resolidarisation.

Il est impossible de pratiquer un exercice physique sans se confronter au terrain. Au travers de ces activités gratuites, superfétatoires, expressions du luxe d'une société pour laquelle le travail corporel est devenu loisir, on se reconnecte au sol. On ne peut être prétentieux quand on est cycliste. La route vous rappelle très vite à vous-même et à votre isolement. Comme le disait le champion Louison Bobet, triple vainqueur du Tour dans les années cinquante, « le vélo est une leçon permanente d'humilité ».

Quand je pars rouler l'hiver, seul dans l'humidité normande, parfois pendant cinq-six heures, il m'arrive de m'interroger sur ce qui me pousse à m'infliger cela. J'ai froid, je m'ennuie. Les beaux paysages du bocage et les discussions avec quelques compagnons de route ne suffisent pas toujours à égayer mes sorties. La plupart du temps, mon métier est une passion ; parfois, il s'agit d'un devoir. Des pensées me traversent alors l'esprit, pendant que je regarde mes jambes tourner mécaniquement : ne suis-je pas idiot de m'infliger cela ? Vers quel but est-ce que je pédale ? Ne serais-je pas mieux au coin d'un feu, à boire un thé chaud et à bouquiner ? Je pourrais écrire des livres plutôt qu'être cycliste – ce serait plus confortable. Je pourrais choisir un travail plus classique, moins contraignant, une profession où je ne finirais pas ma journée les mains gelées, un goût de sang dans la gorge, où je ne me réveillerais pas tous les matins avec une décharge électrique me traversant les jambes, réminiscence lactique de l'entraînement de la veille.

Ces moments d'égarement ne durent pas longtemps, car je me rappelle vite les vertus de ces heures incommodes. Elles me permettent de m'éprouver comme corps, de reconquérir ma matérialité première. En meurtrissant ma carcasse, je l'expérimente, je prends conscience qu'elle existe, qu'elle est même la seule chose d'importance. J'ai mal, bien sûr ; mais au moins je ressens quelque chose. Cette maltraitance que je m'impose à moi-même est une forme d'acquiescement à la vie, un refus de l'anesthésie générale que propose un certain type de société.

Si le sport dirige vers une cohérence retrouvée, c'est encore parce que, au plus haut point, il est absurde. Je reconnais qu'il est insensé de se lancer en plein hiver dans des périples à bicyclette de cent cinquante, deux cents kilomètres. Il y a des gagne-pain moins ineptes. Pourquoi s'acharner à sculpter son corps… pour rien ? Pourquoi vouloir franchir une ligne en premier, devant deux cents autres individus, sur une étrange machine à roues, s'époumonant à gravir des cols, à lutter contre les vents ? Tout cela est trivial. *Et nous le savons* – ce qui précisément confère toute sa valeur au sport. Les disciplines athlétiques étant par essence des formes de jeu, dans un cadre réglé à l'arbitraire reconnu comme tel, elles ne peuvent ingénument être considérées comme des lieux de valeur en soi, des organisations ayant la prétention de dire quelque chose d'absolu sur le monde, tel qu'il est ou tel qu'il devrait être. En pédalant, j'apprends à donner du sens à ce qui fondamentalement n'en a pas. Je n'ai besoin que de détourner à peine le sens de la formule de

Montaigne : « Si le destin me permettait de passer ma vie à ma guise, je choisirais de la passer le cul sur la selle[1]. »

Dans notre société du mensonge impossible, le sport peut remplacer les grandes institutions du passé dans sa capacité à unir les individus autour d'un commun – à condition de ne pas être dupes, de décider sciemment de se laisser prendre au jeu. À l'instar des habiles pascaliens qui, bien que conscients de la vanité des coutumes de la société, ont la sagesse de s'y plier, non sans se garder une « pensée de derrière », nous pouvons faire *comme si*. Nous pouvons nous impliquer tout entiers dans l'activité athlétique, la pratiquer avec le plus grand sérieux, et même pour certains en faire un métier, sans pour autant manquer de reconnaître son artificialité. À partir du dévoilement de cette vanité fondamentale, il devient possible, en toute lucidité, de construire quelque chose.

J'envisage donc le sport d'un point de vue pour ainsi dire métaphysique, presque religieux : comme ce qui donne du sens à une vie après que l'on a reconnu que celle-ci était insensée. L'absurdité de l'exercice physique, et plus encore de la compétition, serait comme une contre-attaque à l'absurdité du monde. De même qu'il existe un art pour l'art, j'imagine un « sport pour le sport », une pratique dénuée d'une finalité autre qu'elle-même.

Nouvel opium du peuple, l'activité sportive s'est développée au cours du XIXe siècle comme une continuation

1. Michel de Montaigne, *Essais*, « De la Vanité ».

sécularisée du christianisme. Celui-ci, après avoir voulu étouffer les instincts athlétiques pendant un très long Moyen Âge, a pris le parti de l'intégrer à son cadre, de délivrer son message par des biais plus souterrains. Ce sont des religieux qui ont les premiers encouragé à l'exercice physique dans les écoles anglaises, développant le concept de « *muscular christians* » dans ces fameuses *public schools* dont la plus connue est celle de Rugby[1]. L'idée était de lutter contre la dépravation des mœurs en insufflant aux jeunes des valeurs socialement respectables au travers de séances ludiques. Coubertin, pourtant laïque, s'inscrivait dans la même lignée, subordonnant l'athlétisme à des visées morales, pédagogiques voire spirituelles, affirmant clairement que « la première caractéristique de l'olympisme, […] c'est d'être une religion[2] ».

Aujourd'hui il serait temps de dégager le sport de cette gangue utilitaire, politico-religieuse, et de l'appréhender comme résolument autonome, « inutile », porté par les seules pulsions de ses pratiquants. Je ne fais pas du vélo pour préserver ma santé ou pour assimiler des valeurs quelconques. Le cyclisme selon moi se suffit à lui-même. Il est le lieu d'une affirmation décomplexée

1. Le révérend Charles Kingsley (1819-1875) participa grandement à développer ce concept de « *muscular christianity* ». Nous pouvons aussi citer Thomas Arnold, qui fut directeur de l'école de Rugby de 1828 à 1841, comme l'un des principaux acteurs de cette construction d'un sport « chrétien » et « fonctionnel ».
2. Coubertin, « Le Sport Suisse », 7 août 1935.

de soi, de son individualité, de sa corporéité, le lieu d'un autoaccomplissement.

*

La voie est facile à tracer, beaucoup plus ardue à emprunter. Les champions – j'ai pu en côtoyer certains – sont ceux qui parviennent à être pleinement dans cette affirmation de soi, ceux qui réussissent à assumer le non-sens et à le transformer en destin, ceux qui convertissent l'arbitraire en évidence. Dans l'histoire du cyclisme, Jacques Anquetil est certainement l'exemple paradigmatique, lui à qui tout semblait facile, épousant avec élégance sa machine, se démarquant par son simple naturel et son caractère indompté. « La discipline imposée me rebute et me déprime, expliquait-il. Celle que je m'inflige me suffit. Je n'accepte pas les ordres qui vont à l'encontre de mes opinions ou de ma volonté[1]. »

Le champion sait qu'il est unique et il l'affiche, sans honte, sans fausse modestie, mais également sans prétention. Il ne se compare pas, même quand il doute. Il a accepté la réalité de son isolement et s'en accommode, recherchant même la solitude – celle des cimes – et construisant son propre chemin pour y parvenir. Il impressionne par sa force tranquille parce qu'il a intégré la vanité du monde et que, au lieu de s'en apitoyer, il en tire sa puissance à nulle autre pareille.

---

1. Cité in *Petites Histoires secrètes du Tour...*, de Jacques Augendre, Solar, 2015.

Il n'y a qu'un seul moyen pour devenir soi-même. Aucun maître, aucun philosophe, aucun livre, aucun système ni aucune organisation collective ne pourront aider au défrichement de la singularité absolue de chacun, qu'au contraire ils masquent. Retirer ce masque pour s'en construire un autre, propre à soi, voilà l'intelligence ordinaire du champion, qui est une affaire avant tout corporelle, irréfléchie, simplement vécue.

Et le miracle est que le champion, qui pourrait profiter de sa position pour dominer, de sa singularité pour exclure, se montre capable, sans même y prêter attention, sans faire d'effort, d'unir.

Le champion est un leader qui a réussi à dépasser le stade du nombrilisme, qui a su se tourner vers l'autre, naturellement, *égoïstement*. Il n'est pas un maître qui tyrannise. Il n'a pas de serviteurs, mais au contraire reconnaît et même encourage la dissidence. En cela il intègre les autres, car il prouve par l'exemple que sa position est accessible – en droit tout du moins. Il est assez sûr de sa force, de sa hauteur, de sa puissance pour se laisser défier, pour remettre quotidiennement en jeu son statut et le gagner encore et toujours sur le terrain. Le champion ne peut exister qu'en confrontation avec une adversité ; il ne gagne que parce que d'autres perdent. Anquetil ne serait rien sans Poulidor ; ni Merckx sans Ocaña.

Un leader qui s'agrippe aveuglément à son poste, qui refuse toute contestation, qui cherche à étouffer la concurrence et jusqu'à ses collègues, est en perte de vitesse, en déshérence de lui-même. Sentant que son aura faiblit, il cherche désespérément à être le seul maître à bord, il balance les échelles, coupe les voies qui mènent au sommet de la montagne. Un rapport insincère s'établit avec ses compagnons, avant que le lien ne se rompe définitivement. Le leader despotique se retrouve seul, sans personne qui puisse lui rendre visite, capitaine d'un équipage déserté, roi d'une montagne que n'entoure aucune vallée.

Lance Armstrong, par sa volonté absolue de contrôle, a pu incarner cette figure de l'antichampion. Il fut le maître d'œuvre d'un système n'autorisant pas la diversité, l'émergence de voix discordantes. Si une individualité s'opposait à lui, il l'intimidait pour la faire taire. En 1999, lors de la dixième étape du Tour, le Français Christophe Bassons, connu pour ses positions engagées dans la lutte antidopage, décida d'attaquer dès les premiers kilomètres, alors qu'un accord tacite entre les principaux « patrons » du peloton prévoyait de rouler tranquillement sur les premières heures de course. Ce fut Armstrong en personne qui fit l'effort pour le ramener dans le rang, lui intimant de quitter l'univers du cyclisme s'il n'en acceptait pas les règles. Plus tard, quand les soupçons de dopage commençaient à acculer le coureur texan, il n'hésita pas encore une fois à proférer des menaces à l'égard d'ex-coéquipiers ou de membres du staff de son équipe, l'US Postal, qui s'apprêtaient à révéler certains de ses sombres secrets. Par cette diplomatie de la terreur, Lance Armstrong affirmait peut-être son autorité ; mais c'était au prix d'un enfermement toujours plus grand dans un monde de mensonges et de solitude.

De manière moins extrême, un chef pourrait chercher à jouer habilement des rapports humains, accepter la dissidence tout en cherchant à la contrôler et à l'organiser, en désignant par exemple son successeur, ou en promettant une inversion des rôles prochaine. Nouvel aveu de faiblesse : imposer sa loi par l'artifice ou la contrainte, c'est déjà douter de soi – sentiment étranger au champion, leader d'un genre particulier qui se dit candidement, au travers d'un raisonnement qui lui est propre, que s'il a triomphé une fois dans la lutte pour l'existence, il peut sans crainte remettre son titre en jeu, étant persuadé qu'il est un vainqueur « en soi ». Au lieu d'user de *potestas* pour avoir prise sur ses challengers, le champion se sait naturellement ceint d'*auctoritas*, cette valeur romaine d'excellence fondant la légitimité de celui qui la possède. Il inspire immédiatement la loyauté, sans avoir besoin de manigancer pour cela, laissant ouvert le champ du combat.

Le geste est risqué, nul n'étant infaillible. C'est ce qui explique la violence de la désillusion après un échec, à la hauteur de la confiance qui était portée à soi-même. Quand les gens ordinaires s'habituent à la défaite, l'être d'exception lui ne l'envisage même pas, et s'y heurte avec une terrible intensité quand elle survient.

Mais pourquoi ne s'y était-il pas préparé ? Pourquoi n'avait-il pas anticipé que, puisqu'il y avait dissidence, celle-ci était susceptible de renverser l'ordre en place ?

Parce que le champion voit les rapports humains avec un œil sain, sans arrière-pensées – ce qui ne veut pas dire qu'il ne conserve pas une pensée de derrière, une lucidité sur le fond des choses, derrière le masque affiché. Il sait qu'il y a lutte et il la pratique par jeu ; seulement il ne considère pas que celle-ci puisse le blesser. La concurrence n'est pas un danger, se dit-il, puisqu'elle est l'ordre naturel des choses.

Le champion personnifie lui-même cet état de dissidence, en ce qu'il demeure sourd aux discours du collectif, aux dogmes du vivre-ensemble, de l'organisation collective, et même aux règles de la logique pratique, qui dictent de se méfier de son prochain sous couvert d'une morale qui prétend l'aimer. Le leader d'exception ne peut entendre pareille rationalité, et encore moins s'y soumettre. Sans même y prêter attention, révolté sans le savoir, il développe une norme bien à lui, sa propre éthique, où l'autre est inclus comme concurrent mais jamais comme menace, où il est appréhendé comme adversaire mais jamais comme ennemi. La nuance est fine, mais essentielle : c'est celle entre le sport et la guerre, celle entre le capitalisme brutal, déraisonné, et le libre cours des vies humaines.

*

Nos sociétés démocratiques, semblables à ces leaders semi-habiles cherchant à contrôler leurs challengers, ont voulu organiser la dissidence. Elles ont voulu l'intégrer dans leurs logiciels, en la considérant comme une donnée à traiter parmi d'autres. Les rapports humains hiérarchiques, inégaux, et l'inévitable conflictualité qui s'ensuit dans un monde qui ne peut nier leur arbitraire, sont gérés de façon administrative et par des algorithmes. Tout désormais doit être normé, « protocolisé ». Tout doit tomber sous le joug du *droit*.

Le monde du cyclisme n'échappe pas à cette lame de fond. Au sein des équipes, de l'entraînement à la nutrition, chaque domaine tend à se standardiser. Il y a des chemins à suivre, à peu de chose près les mêmes pour chaque formation. Vouloir s'en écarter, c'est faire preuve d'insoumission, refuser de s'intégrer au groupe. Pourtant, il me semble que le sport de haut niveau est précisément le lieu où il faut faire en sorte de se démarquer, de sortir de la norme…

Un exemple : en janvier, lors de la préparation hivernale, toutes les équipes ou presque vont en stage en Espagne sur la Costa Blanca espagnole, dans un périmètre d'une cinquantaine de kilomètres entre Benidorm et Calpe. Cette période de l'année me déprime. Outre l'environnement – un étalement d'immenses barres d'hôtels sans charme, aux airs d'hôpitaux et aux grands buffets infâmes, paradis du tourisme de masse pour retraités à la recherche d'un peu de chaleur (en hiver) ou jeunes en quête d'alcool pas cher (en été) –, c'est l'ancrage dans une routine qui me désespère. Le cyclisme est un sport encore empreint de vieilles habitudes, où l'on se compare à son voisin plutôt que de chercher des voies innovantes, où l'on répète ce que faisaient les anciens sans trop savoir pourquoi. À quelques exceptions près, lors de la présaison, tout le peloton professionnel dort dans les mêmes hôtels, mange les mêmes choses, réalise les mêmes entraînements, tout cela au même moment et depuis des années. Comment dès lors se différencier une fois venues les premières courses ? D'autres lieux pourraient pourtant être explorés pour ces camps d'entraînement. Il n'est pas interdit d'imaginer une manière originale d'aborder les premières courses. Certes il y a un risque à adopter des stratégies nouvelles ; mais je pense que ce risque est aussi celui qui permettra de gagner les quelques pourcents qui séparent le premier de son suivant...

En course également la volonté de tout encadrer se fait sentir, notamment en ce qui concerne les questions de sécurité. Les instances dirigeantes réglementent de plus en plus l'activité des coureurs. Récemment encore, certaines positions sur le vélo ont été interdites car jugées trop dangereuses (poser les avant-bras sur le haut du cintre sans tenir le guidon ; se placer sur le tube supérieur du cadre pour gagner en aérodynamisme). Outre la question de l'efficacité de ces mesures, elles témoignent du fait que l'on n'accorde plus confiance à la sagesse pratique de chacun. Cette attitude infantilisante conduit paradoxalement les individus à se déresponsabiliser : puisqu'une entité supérieure veille sur moi et règle ma conduite au travers de lois que je respecte aveuglément, je n'ai plus besoin de maintenir un niveau d'éveil et d'alerte minimal. Et c'est là qu'apparaît le danger.

Imaginez tous les mouvements qui adviennent à chaque instant au sein d'un peloton de près de deux cents unités. Un aménagement urbain apparaît au loin. Les cyclistes en tête de groupe signalent d'un geste de la main l'obstacle à éviter. Derrière eux des coureurs se déportent légèrement sur le côté, ou freinent pour éviter l'îlot. La vague se répercute sur ceux qui se situent à proximité immédiate, lesquels, parfois sur la seule base d'un bruit anormal de patins, jugent à leur tour d'effectuer ou non un léger écart. Des situations comme celles-ci, il s'en produit continuellement. Et parfois de plus inattendues, comme quand un chien traverse inopportunément la route au moment du passage du peloton, ou quand un bidon lancé au public rebondit contre un mur et revient hasardeusement sous nos roues. Parlons encore de ce qui se passe en arrière-course, quand nous nous mêlons aux voitures des directeurs sportifs. On vient aux consignes, on lâche les mains des freins pour récupérer des bidons, tout cela pendant que le chauffeur donne des infos à la radio aux équipiers restés à l'avant. Si à ce moment un freinage brusque intervient en amont dans la file pour une quelconque raison – un spectateur qui s'est trop avancé sur le bord de la route, une crevaison qu'il faut dépanner… –, il faut être capable de réagir instantanément afin de ne pas se retrouver le nez dans la vitre arrière du véhicule précédent. Ce qui est miraculeux, c'est qu'il n'y ait pas plus d'accidents, que cet écosystème où les dangers sont permanents parvienne à se mouvoir sans trop de heurts, se régissant lui-même, non sous l'effet d'un règlement que l'on viendrait scrupuleusement appliquer, mais par la grâce de l'intelligence pratique des acteurs[1].

Une société durable et saine ne se commande pas d'en haut, au risque d'étouffer l'individu – ce qui est malheureusement bien souvent le cas de nos jours dans le cadre de l'entreprise moderne, où l'employé est poussé à bout par la structure qui exige de lui performance et productivité et ne le reconnaît pas comme personne. Cela a pour conséquences les maux que l'on sait : engagement aveugle dans le travail, *burn-out*, suicide...

Une société plus authentique ne reposerait pas sur un idéal de maîtrise, mais admettrait plutôt qu'elle est le fruit d'un fourmillement diffus – qu'elle est une forêt – dont émergent parfois des êtres d'exception – des arbres majestueux – qui, à eux seuls et sans même s'en rendre compte, font s'élever le groupe tout entier. Les grandes œuvres de l'humanité, qu'elles soient techniques, artistiques ou politiques, émanent d'individus géniaux, imprévisibles. On ne « produit » pas un Jules César, un Léonard de Vinci, un Goethe – ou un Anquetil. Ce type de personnes *survient*.

Il faut accepter que l'on ne puisse pas tout maîtriser. Dans le cyclisme, nous voyons bien que chaque trajectoire est particulière, qu'une nation qui dispose d'un

---

1. Ce même miracle est vécu par tous les automobilistes qui circulent via la place de l'Étoile à Paris, où chacun parvient à s'insérer en un joyeux désordre. Ajoutez un responsable au sommet de l'Arc de triomphe chargé de réguler les flux, et vous pouvez être sûrs que d'interminables bouchons s'ensuivront.

système de détection et de formation ultradéveloppé peut échouer à accompagner des athlètes capables de briller au plus haut niveau, tandis qu'un pays moins structuré verra advenir un futur vainqueur du Tour.

Repartir de l'individu, en le resolidarisant, c'est se détacher de cette logique de fabrication du talent, c'est autoriser l'émergence d'une originalité radicale. J'appelle « champion » l'être humain qui porte celle-ci en lui, celui qui triomphe sur le champ de bataille symbolique, tout en se refusant à profiter de son triomphe pour imposer une politique à ceux qu'il a vaincus. Décision étrange, mortifère, car les battus du jour verront demain ouvert le lieu de leur revanche. Mais le champion est toujours bizarre, et c'est cette bizarrerie même qui fait sa beauté et sa grandeur.

Débriefing

La chose se devine désormais assez clairement : la société du peloton est un mirage ; il n'y a pas de tout qui précède l'individu. Si celui-ci doit atteindre une dimension qui le dépasse, s'il doit intégrer un collectif, ce n'est qu'à travers une relation singulière interpersonnelle, forcément instable. Les rapports entre les êtres sont toujours inégaux, à la fois conflictuels et coopératifs – ce dont il ne faut pas avoir honte, ce qu'il ne faut pas dénigrer en se drapant de morale.

Qu'il y ait des leaders et des équipiers, des chefs et des employés, bref qu'il y ait une hiérarchie, ne doit cependant pas signifier qu'il y a une différence de valeur, ou d'essence, ni que les uns puissent vivre sans les autres. Toute la question est celle de l'interaction entre les personnes, question toujours problématique, ouvrage à remettre sans cesse sur le métier.

Les manuels managériaux que l'on voit tant fleurir de nos jours et qui prétendent rationaliser les rapports humains en proférant des vérités éternelles à leur propos sont trompeurs et déceptifs. Mais ce n'est pas parce qu'il est impossible de tirer des conclusions définitives sur un sujet qu'on ne doit pas l'aborder – conclusion fréquente des philosophes qui ne jugent pas digne d'étude ce qui n'est que circonstanciel, ce qui emprunte des mots et des concepts au temps et au monde que nous vivons. La société telle que nous la connaissons, c'est-à-dire capitaliste, est peut-être contingente, et assurément méprisable par bien des aspects. Toutefois, qu'on l'admire ou qu'on la honnisse, elle existe. Elle est le vécu d'une majorité de nos concitoyens, dont « l'entreprise » est le cadre, « les relations hiérarchiques et managériales » le quotidien. S'interdire ces sujets et ce vocabulaire, c'est se couper du monde – ce qui n'a de sens que si une pensée forte en résulte, comme quand Montaigne se retire dans sa tour pour ses *Essais*, ou quand Descartes s'isole dans son poêle pour ses *Méditations métaphysiques* : la chose est rare, vous l'admettrez.

De notre côté, gardons l'idée d'une retraite pour plus tard, et interrogeons-nous sur l'art de se comporter en leader, en reconnaissant qu'il n'est possible que d'esquisser des pistes, quelques réflexions éparses sur ce qui constitue une relation hiérarchique saine. Plus précisément, *je* ne peux que suggérer un chemin car, au bout du compte, c'est mon expérience seule que je connais, celle de leader de mon équipe cycliste – sans doute pas celle d'un champion, mais celle de quelqu'un qui a pu en observer certains, passés ou actuels, et qui s'en inspire.

Il n'y a pas de « bon » leader. Ou plutôt, le dirigeant

compétent est celui qui sait adapter son managérat à la situation à laquelle il fait face, aux personnes avec lesquelles il est en relation. Gouverner – pour emprunter un terme à Aristote – est affaire de *kairos*, de saisie du « moment opportun ». Il n'y a pas de règles générales, au même titre qu'il n'y a pas de morale universelle. Il faut arbitrer, au cas par cas, et une décision qui sera juste ou efficace ici et maintenant ne le sera pas le lendemain, ou en un autre lieu.

Machiavel, dans son ouvrage consacré à l'art de diriger, *Le Prince*, ne professait pas autre chose. Gouverner, ce n'est pas plaquer une grille préétablie sur des événements ; c'est s'adapter, se réinventer sans cesse en fonction des aléas, parce que la vie concrète est telle : mouvante, hasardeuse, imprévisible. De même en est-il des rapports humains, qui n'obéissent à aucune loi éternelle, mais sont sans cesse changeants, en recomposition permanente. La sagesse du leader, sa *virtù*, son habileté, consiste à maintenir une certaine constance dans ce flux. Cette sagesse est politique, en ce sens qu'elle est jugée à l'aune de son efficacité, indifférente aux moyens pourvu qu'il y ait la fin. *Whatever works*, pour reprendre le titre d'un film de Woody Allen : « l'important, c'est que ça marche ! » – c'est-à-dire que la réussite soit au rendez-vous, et que chacun dans l'équipe soit à l'aise avec la manière dont elle a été acquise.

On s'adapte à ses coéquipiers à partir de ce que l'on est soi. Certains harangueront leurs coéquipiers avec véhémence et animeront la vie du groupe ; d'autres, plus discrets, préféreront inspirer le respect au travers de leur comportement. Ceux qui me connaissent ne seront pas surpris si je dis que je fais plutôt partie de la seconde catégorie, celle des leaders à sang-froid. Je préfère agir plutôt que parler, me disant que mes résultats témoigneront en ma faveur, même si je conçois que mon rôle ne se résume pas au fait d'être bon sur le terrain. D'ailleurs je n'hésite pas à prendre la parole lors des briefings d'avant-course ou à m'énerver quand je le juge nécessaire. Seulement, j'ai compris avec le temps qu'il faut le faire à sa façon. Vouloir emprunter les habits d'un autre, c'est l'assurance d'insinuer de la fausseté dans une relation.

La capacité d'écoute me semble cependant être une constante. Beaucoup de problèmes se règlent d'eux-mêmes. La plupart des coureurs agacés ou déçus après une course n'ont besoin que de parler – à l'instar de l'ami que vous retrouvez au bar, après un chagrin d'amour, et que vous passez votre soirée à écouter. Se montrer par trop entreprenant conduit souvent à des effets contraires à ceux escomptés : on donne l'impression de vouloir se remettre au centre, de produire sa propre publicité, là où il faut savoir s'effacer.

Nous sportifs pouvons donner l'impression d'être des machines sans cœur. Le public ne voit que ce qui est superficiel : la rage de vaincre sur le terrain, la performance physique pure. Il ignore la sensibilité cachée derrière la carapace, le pouvoir de tous ces moments de vie de groupe, étrangers à la compétition et qui y sont pourtant toujours reliés. Qu'une équipe en stage ou en course se rassemble autour d'un verre, afin de résorber des tensions, prendre du recul, ou encore sortir du cadre routinier et créer des attaches plus fortes que les seuls liens professionnels, cela n'a l'air de rien en soi ; mais c'est un premier pas vers la victoire. Au cours de mon parcours cycliste, j'ai souvent vu des membres du staff furibonds monter à l'intérieur de notre bus à l'initiative du directeur sportif, avant de les voir ressortir joyeux un peu plus tard, non sous les effets de l'alcool, mais parce qu'un temps avait été pris pour se poser, pour échanger, grâce au prétexte de la boisson. Celle-ci n'a d'ailleurs pas besoin d'être éthylique. Le « *coffee ride* », pause-café entre coéquipiers au cours d'une sortie à vélo de décrassage, fait partie des secrets de la réussite. Un groupe qui s'ennuie en ressort disert, reboosté par la seule symbolique de l'arrêt en commun.

Bien vivre ensemble ne suffit évidemment pas. On ne peut nier que la question de l'argent a son importance dans le sport ; le sujet n'a rien de tabou. Le problème du cyclisme, comme cela a déjà été dit, est qu'il n'y a qu'un vainqueur. Lui seul reçoit les honneurs – et les faveurs pécuniaires. Il ne peut pourtant gagner sans ses partenaires. Il est dès lors normal et attendu qu'une forme de redistribution s'opère, que cela soit par le partage des prix de course (quasi systématique au sein des équipes cyclistes désormais), par le fait de renoncer à son dû dans cette répartition (pratique effectuée ponctuellement par certains leaders, pour des épreuves importantes), ou par l'envoi de cadeaux à ses équipiers suite à une victoire de renom, pour « qu'ils en aient leur part ».

Mais, plus que l'argent, il me semble que ce qui compte avant tout, c'est le lien personnel que l'on entretient avec un équipier. Une tape dans le dos et un « merci » ont souvent plus de valeur qu'une prime abandonnée. On ne se dépouillera pas autant pour un simple collègue que pour un copain. Bien sûr, l'amitié ne se commande pas, mais le respect quant à lui peut être adressé à chacun. Saluer ses équipiers après un mauvais résultat aussi bien qu'après une victoire, reconnaître ses fautes et ne pas se chercher d'excuse en accusant le collectif, ou encore faire remonter auprès de la direction les informations sur un partenaire qui s'est brillamment comporté dans l'ombre, tout en gardant le silence sur les autres – voilà selon moi le devoir minimum d'un leader.

Si l'habitude consistant à remercier ses coéquipiers pour leur travail lors d'interviews d'après-courses peut paraître lénifiante aux oreilles des auditeurs, et parfois pour celui qui y souscrit revêtir l'aspect d'un passage obligé, en faire l'impasse serait un message malvenu. Même si les phrases échangées dans le bus ont plus de valeur que celles proférées devant les micros, il me semble qu'il y a certains codes qui, s'ils ne sont pas suivis, risquent de ternir l'estime mutuelle que doivent entretenir un leader et ses coéquipiers, une estime construite sur des gestes simples, quotidiens.

J'attache une grande importance au pouvoir des mots, considérant que le respect que l'on doit à ceux avec qui l'on collabore passe aussi par le lexique que l'on emploie. « Équipier », « coéquipier » – les deux termes sont si proches qu'ils peuvent paraître interchangeables. Seulement, là où le premier peut connoter une certaine forme de dénigrement, comme si le leader *condescendait* à évoquer le sort de ceux qui le servent, le second place d'emblée chacun sur un même niveau de valeur. Le supérieur hiérarchique a le choix des signes : soit il écrase de tout son poids ses « subordonnés », ses « équipiers » (dans le cyclisme, le mot français est l'un des plus doux ; les coureurs de l'ombre sont appelés « *gregari* » en italien, et même « *domestique* » en anglais), soit il leur indique par la force du langage que la différence de position dans la structure, l'entreprise ou l'équipe, n'équivaut pas à une différence de « qualité d'être », mais renvoie seulement à une différence conjoncturelle, limitée au cadre de l'institution où évoluent les individus.

Le diable se cache dans les détails ; le génie tout autant. Le leader d'exception, le champion, sera celui sachant jouer avec finesse et naturel sur tous ces petits riens, sur la puissance de la sémantique, sur les nuances de la perception, pour construire un « être-avec » original et authentique, où il n'est pas celui qui descend vers l'autre, mais celui qui *l'élève* par sa hauteur de vues.

Résumé de la course

Si le champion est bizarre, il est aussi rare. Une société comporte bien peu de leaders capables de s'élever au-dessus de la masse sans pour autant la dominer – noble position, apanage des grands. Ceux-ci impressionnent par leur hauteur de vues ; ils n'appartiennent pourtant pas à une espèce spéciale. Eux aussi sont rongés par l'absurde : le champion devrait être celui qui impose une politique au monde, *sa* politique, au lieu de quoi il traverse l'existence avec une majestueuse indifférence – attitude qui conduira un jour à sa défaite. Idiot, n'est-ce pas ? Nous le sommes tous, qui nous acharnons à vouloir imposer notre petite puissance, qui luttons avec notre quotidien et sa misère, habitués à nous cacher au cœur du groupe parce que nous n'avons pas la force de nous en échapper, condamnés à subir la loi du collectif et ses non-sens.

Faible comme fort, chacun doit endurer les incohérences de son milieu, de la société qui l'enserre ; chacun est constamment confronté à ses propres paradoxes dans ses discours affichés, ses pensées cachées, ou dans ses comportements quotidiens, prônant des valeurs que nous ne sommes pas capables de respecter. À titre personnel, l'une de mes contradictions principales tient à ce que je pratique un sport « vert », évocateur d'un modèle de société vertueux auquel je souscris et que je défends – tout en prenant l'avion plus que de raison pour me rendre sur des courses aux quatre coins du monde, épreuves sur lesquelles je me trouve entouré d'un nombre assez affolant de véhicules motorisés (voitures de directeurs sportifs, motos ouvreuses, caravanes publicitaires…), sans parler de la quantité de produits plastique et jetables utilisés sur une année par une équipe cycliste (barres énergétiques, bidons, etc.). J'ai un peu honte de ces compromis que je dois concéder à mes « idéaux ». Je ne peux que vivre avec.

Champion ou pas, l'équation est simple : 1/ l'ego prime ; chaque coureur veut gagner. 2/ L'ego n'est rien sans le groupe ; nul ne peut l'emporter sans coéquipiers, le coureur n'existe même plus sans un peloton pour justifier son existence.

De ces deux points, impossibles à concilier, découlent toutes les contradictions, celle d'abord de l'individu morcelé entre son légitime désir de se privilégier lui-même et la nécessité de faire société, celle aussi de notre civilisation malade de s'être hyperbolisée, d'avoir perdu tout lien avec le singulier – ce dont témoignent les crises de la démocratie, du savoir et du réchauffement climatique.

Le sport est le miroir grossissant de ces dilemmes

insolubles, le révélateur de nos hypocrisies. On y tient un discours valorisant le collectif tout en laissant libre cours à un hyper-individualisme débridé, qui ne méconnaît que trop les authentiques aspirations de chacun. L'athlète est pris en tenailles face à ces injonctions contraires, broyé par un mastodonte qui le nie en même temps qu'il le chante. Il ne sait s'il doit se soumettre entièrement à la loi du peloton ou au contraire manœuvrer sournoisement pour écraser les autres. S'incliner devant le système ou profiter de lui ? Rouler ou ne pas rouler ? C'est le grand problème de la modernité.

*

Il n'est plus possible, au XXIe siècle, de fermer les yeux, de croire que les choses se régleront d'elles-mêmes, de s'en remettre à l'État, à l'Église, à la loi du marché ou à celle du Peloton, au dirigeant de l'entreprise, ou à quelque autre super-pouvoir que l'on chargerait d'organiser le monde. Ces grandes institutions ont été déchues le jour où l'information a commencé à circuler. Elles ne tenaient que par la foi qui leur était accordée. Chacun connaît désormais trop bien les forces et les faiblesses de tout système surplombant pour se laisser duper. Les qualités et les défauts des leaders sont connus. Ceux-ci ne peuvent manquer de se faire challenger. Nous ne pouvons plus accepter aveuglément la hiérarchie. Ce que l'on pourrait appeler « le miracle du peloton » – c'est-à-dire le fait qu'une organisation concurrentielle et composite se constitue sans tête pour la diriger, simplement parce que chacun de ses membres croit en l'existence d'un ordre fondé – n'est plus possible. Le miracle s'est révélé mirage. Le peloton explose et se morcelle.

Faut-il donc faire le pari de l'immoralité, se nourrir d'un système qui nous indiffère, l'utiliser et utiliser les autres, sans foi ni loi ? L'idée est intenable. L'attitude égotiste consistant à n'envisager la société qu'à l'aune de ce qu'elle nous apporte, sans engagement, sans respect pour elle ou pour ceux sur qui elle repose, ouvre la voie à toutes les dérives. Dans le sport, la première d'entre elle s'appelle dopage. Le raisonnement sous-jacent est le suivant : puisqu'aucune valeur n'est fondée, puisqu'aucun ordre n'est éternel, alors qu'est-ce qui m'empêche de tout mettre en œuvre pour que prévale la seule chose qui ait vraiment une réalité et un sens pour moi, à savoir moi-même ? La formule cartésienne « je pense donc je suis » est ici fallacieusement revisitée en un « *je suis donc je dois gagner* – gagner à tout prix, gagner sans honte, quel que soit le moyen ». Combien de tricheurs, qu'ils soient athlètes ou tout simplement escrocs, voleurs, consommateurs obscènes d'une société pour laquelle ils n'ont que mépris, développent-ils cette logique au fond d'eux-mêmes ? Ils oublient le principal : le monde ne tient que par les valeurs que nous projetons en lui. Certes, celles-ci demeurent arbitraires, profondément contingentes. Mais en faire fi, c'est s'interdire la possibilité de tout monde, c'est se condamner au néant.

Être lucide sur l'absurdité de tout ordre n'empêche pas

de participer à son édification. Au contraire, en s'engageant à fond dans la construction de ces tours sans fondations que sont nos organisations humaines, on démontre sa lucidité. La coquille est creuse ? Peu importe, pourvu que nous la maintenions parfaitement hermétique, que l'on enrobe son vide intérieur d'une belle carapace. Tel est ce que réalise au quotidien le sportif honnête qui, par sa seule pratique, totalement triviale, reconnaît que la vie en soi n'a pas de sens, mais choisit de lui en donner un. Puisque la vie est une farce, se dit-il, autant jouer le rôle à fond, et conférer à la pièce une certaine justesse. Même si notre maison ne repose sur rien, à tout le moins faisons en sorte qu'elle constitue en elle-même un bloc solide et cohérent.

Le sport révèle toutes nos contradictions, qu'elles soient individuelles ou collectives. Il peut paradoxalement aussi être le lieu, non de leur résolution, mais de leur dépassement. Participer à une course cycliste, dès lors, c'est composer avec ses incohérences, les affirmer même, en leur trouvant une raison d'être. À condition de respecter les règles, sans quoi tout l'édifice s'effondre, écrasant l'individu sous le poids de son propre néant.

*

Il est impossible de ne pas chercher à être un humain social, impossible de ne pas vouloir maintenir aux organisations leur cohérence interne. Mais nous avons le choix entre subir cette inscription dans le collectif, ou en être les acteurs. Être victimes de la société comme peloton, ou bien choisir de faire peloton.

Être acteur et cocréateur d'un collectif, cela ne veut pas dire se prosterner devant lui, s'intégrer au groupe à tout prix. L'ego est indépassable. L'étouffer sous une idéologie de l'entraide, du partage, de l'altruisme, c'est vouloir éteindre ce qu'il y a de plus vif en nous : notre individualité. C'est pourquoi, aux idéaux de solidarité, je préfère la notion de « resolidarisation », laquelle désigne un processus permanent de reconnexion aux autres et à soi-même, qui n'exclue pas la rivalité fondamentale entre les êtres.

« Le combat de l'individu contre le groupe » est un thème coutumier de nos mythologies, qui se découvre dans de nombreux textes fondateurs, dans les productions de notre pop culture moderne, dans l'histoire du sport aussi. Il laisse croire que je pourrais ne pas être maître de mon parcours, que la société, le peloton, le « système », m'a construit tel que je suis. Tentation de la déresponsabilisation, facilité de la fusion du soi dans le collectif.

L'honnêteté, la lucidité, le courage de la resolidarisation, c'est d'assumer que le combat est avant tout interne à l'individu, qu'il ne revient à nul autre que moi-même le soin d'en édicter les règles, de manière qui soit pour moi satisfaisante, dans un univers d'interrelations toujours singulières, horizontales, où les autres jouent chacun également une partition, et où celles-ci, chacune particulière, doivent pourtant s'accorder.

Entre le don gratuit de soi et le nombrilisme aveugle, il y a un espace pour que l'individu s'affirme lui-même, contre les autres mais aussi avec eux, en les affrontant mais aussi en les respectant. C'est dans ce juste milieu, dans cet équilibre instable, que se tient le sportif, et le cycliste en particulier, quand il cherche à se distinguer du peloton et de ses membres sans pour autant s'isoler radicalement. « À vaincre sans péril, on triomphe sans gloire » ; sans concurrents, la victoire ne vaut rien. Sans équipiers, ou sans des adversaires devenus alliés de circonstance, elle est impossible. Individualiste non, indi*duel*iste assurément !

L'humain moderne, le citoyen d'une société démocratique, le salarié d'un monde capitaliste, ne pourrait-il prendre exemple sur ce sportif ? Comme lui, il doit évoluer sur un fil, entre préservation de ses intérêts personnels, résistance aux attaques extérieures et conscience de la nécessité d'une prospérité collective. Il doit penser à sa carrière et en même temps à la réussite de l'entreprise, sauvegarder son bien propre mais aussi celui de la communauté. Le jeu est difficile, dangereux mais il est passionnant. Il n'y a pas de « bonne » tactique pour le mener à bien ; seulement l'obligation de transiger sans cesse. Plutôt que de s'étonner des étrangetés de notre monde, de les déplorer, de s'énerver contre les autres, de s'apitoyer sur sa propre misère, ou de vouloir tout contrôler, il faudrait être capable d'assumer ses faiblesses, passer outre les incohérences adverses et accepter d'être jugé responsable d'actions qui nous dépassent.

Notre époque est en crise : la démocratie se meurt tandis que l'information se répand de manière anarchique, brouillant tous nos repères ; pendant ce temps le climat se détraque et menace notre existence même. Face à ces trois grands défis, face à l'écrasante exigence de concilier singulier et universel, nous pouvons nous morfondre, voire décider de fermer les yeux. Ou bien nous pouvons humblement – mais résolument – nous lancer dans la course, à notre niveau. Une épreuve où nous ne serons gouvernés par aucun capitaine de route, si ce n'est par notre voix intérieure. Celle-ci dictera de s'impliquer en démocratie, pas pour le collectif, mais pour soi, et à sa manière. Elle commandera de s'engager dans les chemins de la connaissance, tout en admettant que l'on ne sait rien. Elle imposera enfin de protéger la nature, non pour le futur, ou pour les autres, mais parce qu'une vie où l'on détruit la vie est chose insensée.

Trois coureurs attaquent. Vont-ils parvenir à s'organiser ? Vont-ils se laisser happer par le peloton ? L'issue est incertaine. Gageons que la course sera belle.

Cet ouvrage a été imprimé
par CPI Bussière
pour le compte des éditions Grasset
à Saint-Amand-Montrond (Cher)
en novembre 2021

Mise en pages Soft Office

N° d'édition : 22281 – N° d'impression : 2062030
Dépôt légal : novembre 2021
Imprimé en France